UNIVERSITY OF NORTH CAROLINA
STUDIES IN THE ROMANCE LANGUAGES AND LITERATURES
Number 118

JEAN DE LE MOTE
*LE PARFAIT DU PAON*

# JEAN DE LE MOTE
## *LE PARFAIT DU PAON*

### EDITION CRITIQUE

PAR
RICHARD J. CAREY

CHAPEL HILL
THE UNIVERSITY OF NORTH CAROLINA PRESS

DEPÓSITO LEGAL: V. 1.070 - 1972

ARTES GRÁFICAS SOLER, S. A. - JÁVEA, 28 - VALENCIA (8) - 1972

Car mon maistre de Columbie, c'on apelle Lawton, [1]
M'a donné la matere et l'introduction;
Si le fais a s'onneur et s'afection.

*Parfait du paon*, 51-53

---

[1] Ce vers a 14 syllabes; nous ne pensons pas devoir pour autant le rejeter.

# TABLE DES MATIÈRES

|  | Pages |
|---|---:|
| INTRODUCTION | 11 |
| TEXTE DU *Parfait du paon* | 37 |
| NOTES | 171 |
| GLOSSAIRE | 187 |
| INDEX DES NOMS PROPRES | 195 |
| BIBLIOGRAPHIE | 205 |

# INTRODUCTION

*Le Parfait du paon* fut écrit par Jean de Le Mote en 1340; l'auteur lui-même fournit et son nom dans un acrostiche à la fin du poème (aux vers 3904 à 3916) et la date (au vers 3917). Ce poème du genre épico-lyrique est une continuation du *Restor du paon*,[1] lui-même continuation des *Vœux du paon*,[2] eux-mêmes continuation importante de la légende d'Alexandre le Grand. Le *Parfait* n'apparaît pas indépendamment, mais suit le *Restor* dans deux des seize manuscrits du *Restor* qui nous sont parvenus; notre œuvre ne jouissait pas, selon toute apparence, d'un degré très élevé de popularité. A part le long épisode qu'on peut appeler "Le Concours de Ballades", (Gesangswettstreit, selon le titre d'un article là-dessus par Gennrich),[3] le poème ressemble beaucoup à ses antécédents; on pourrait même parler d'imitation. Presque chaque division majeure de l'œuvre a sa contrepartie (bien que le contenu soit plus ou moins différent) dans, par exemple, le *Restor du paon*. Sans vouloir établir une comparaison entre ces deux poèmes, ni entrer dans des détails (un schéma de la structure du *Parfait* se trouve à la fin de l'Argument), nous pourrions

---

[1] Jean Le Court (dit Brisebare), *Le Restor du paon*, éd. critique par Richard J. Carey (Genève, Droz, 1966).

[2] Brother Camillus CASEY, *Les Voeux du paon by Jacques de Longuyon: an edition of the P redaction*, (thèse inédite pour le Ph. D., Département de Français, Columbia University, 1956). — Robert Alexander MAGILL, *Part I of the Vœux du paon by Jacques de Longuyon: an edition of manuscripts S, S1, S2, S3, S4, S5, and S6* (thèse inédite pour le Ph. D., Département de Français, Columbia University, 1964).

[3] Friedrich Gennrich, "Der Gesangswettstreit im *Parfait du Paon*," *Romanische Forschungen*, Bd. 58/59, 3, pp. 208-232.

néanmoins remarquer des similarités.[4] La dialectique, qui prend une si large part dans la deuxième partie du *Restor,* trouve son écho, de loin moins étendu, dans les laisses 15 à 23 du *Parfait;* celles-ci contiennent une suite d'une demi-douzaine de jeux-partis. (Cf. aussi le jeu du "Roy qui ne ment" dans les *Vœux.*) Les laisses 28 à 56 contiennent pourtant une nouveauté dans cette sorte de littérature narrative: huit ballades, contribution originale de notre auteur, qu'il peut avoir composées antérieurement et à d'autres fins. La cérémonie des vœux, qui occupe les laisses 57 à 73 paraît être une imitation directe d'une grande partie des *Vœux,* et fait encore écho de la matière de la deuxième moitié du *Restor.* Le récit vif, pour ne pas dire sanglant et brutal, des batailles individuelles et collectives, qui occupe les laisses 71 à 124, ne le cède en rien aux descriptions des batailles dans les *Vœux.* Le *Restor,* trop raffiné, ne fait que des allusions relativement discrètes aux horreurs de la guerre; le *Parfait,* en exploitant toutes les ressources de la rhétorique, s'y vautre dans une frénésie épico-lyrique. Il y a aussi l'épisode des mariages, plus que hâtifs, faits par Alexandre dans les *Vœux,* le *Restor* et dans le *Parfait,* mais puisque Jean de Le Mote n'y insiste pas, l'imitation n'est que minime. Enfin, il est à remarquer que notre poème laisse Alexandre au même endroit de sa carrière que les deux œuvres précédentes: il va s'acheminant vers la Babylonie où il périra empoisonné; de sorte que dans ces trois dernières interpolations du grand cycle du *Roman d'Alexandre* les circonstances exactes de sa mort ont été toujours passées sous silence.

Il nous semble que les informations que nous avons fournies dans notre édition du *Restor du paon* sur les œuvres qui appartiennent toutes au même genre s'appliquent aussi bien ici, car le *Parfait,* paraît-il, occupe la troisième place dans une succession de poèmes dont le thème, en partie ou en entier, se trouve déjà dans les *Vœux*: cédant à une sorte de divertissement, les invités d'un banquet, lorsqu'on leur servait le paon, s'engageaient à accomplir tel ou tel noble exploit. Il existe une littérature "de vœux" avant les *Vœux,* mais le *Parfait,* en compagnie du *Restor,* qui forme une

---

[4] Non pas que ces similarités se trouvent dans le même ordre dans les deux œuvres.

suite du *Parfait,* les *Vœux du héron* (c. 1340),[5] les *Vœux de l'épervier* (14ᵉ s.),[6] le *Perceforest* (premier tiers du 14ᵉ s.),[7] et les *Vœux du faisan* (15ᵉ s.),[8] représentent quelques-uns des exemples les mieux connus de cette vogue littéraire..[9]

Avant même d'aborder le sujet de l'auteur, il convient de mentionner, comme le fait le poète dans ses œuvres, le Mécène bourgeois parisien, plus connu même que son protégé, Symon de Lille, qui était le protecteur de Jean et qui lui fournit le sujet du *Parfait* et les moyens matériels pour le compléter. Notre trouvère reconnaît souvent sa dette envers lui, et, au vers 1457, en des termes très explicites: "... Quant il me livre vivre, chambre et clerc escrisant / Pour faire li biax dis ..." Nous renvoyons le lecteur à l'article de Thomas[10] pour davantage de détails qui ne concernent cependant pas le *Parfait,* et aux vers 51-53 et 1440-1462 de cette œuvre où le poète loue le bon goût et la compréhension humaine de son bienfaiteur.

On sait très peu de choses de l'auteur du *Parfait;* la forme de son nom de famille, qui, comme nous l'avons indiqué, apparaît à la fin de l'œuvre, suffit pour le rattacher aux variétés picarde et wallonne de la langue d'oïl, où le féminin singulier de l'article est *le;* nous le trouvons aux vers 3911-12 où une méprise sur la forme n'est guère possible. Il est l'auteur de deux poèmes, à part le *Parfait: Li Regret de Guillaume le conte de Haynnau* (1339),[11]

---

[5] B. J. WHITING, "The Vows of the Heron," *Speculum,* XX, n° 3, July 1945.

[6] Selon R. L. Graeme RITCHIE, éd., *The Buik of Alexander by John Barbour* (Edinburgh, 1925), I, xxxviii, cette œuvre emprunte de nombreux vers aux *Vœux du paon.* — Antoine THOMAS, "Jacques de Longuyon, trouvère," *Histoire littéraire de la France* (Paris, 1927), XXXVI, 23.

[7] D'après Gaston PARIS, dans *Romania,* XXIII, 81, *Perceforest* commencé peu après 1314 et terminé après cette date, a été publié seulement vers 1340.

[8] THOMAS, *op. cit.,* p. 29-30.

[9] Dans RITCHIE, *op. cit.,* pp. xlii-xliv, notes 2-7, se trouve une liste plus complète des poèmes inspirés par les *Vœux.* Selon Ritchie, p. xli, Miss Aileen A. Calderwood a composé un ouvrage essentiel sur la littérature des "vœux" inspirée par les *Vœux du paon.* Cet ouvrage a peut-être été publié mais ni Ritchie ni nous-même ne l'avons vu.

[10] Antoine THOMAS, "Jean de Le Mote, trouvère," *Histoire littéraire de la France* (Paris, 1927), XXXVI, 66-86.

[11] Jean de Le Mote, *Le Regret Guillaume comte de Hainaut,* éd. par August Scheler (Louvain, 1882).

et *Voie d'Enfer et de Paradis* (1340). Notre trouvère a reçu un témoignage flatteur d'un autre poète Gilles Li Muisis, qui, dans ses *Méditations* de 1350, le mentionne en ces termes:

> Or y rest Jehans de Le Mote
> Qui bien le lettre et le notte
> Trœve et fait de moult biaus dis
> Dont maint signeur a resbaudis
> Si qu'a honneur en est venus
> Et des milleurs faiseurs tenus,
> Et si vivre administret;
> De ses fais a moult registret. [12]

Il faut probablement le reconnaître dans le copiste de la chancellerie de Hainaut qui est mentionné en ces termes dans un compte encore inédit de 1325-1326: "A Jehan de La (*sic*) Mote, pour transcrire plusieurs escris des darrains comptes que Gobers fist apres chou k'il eut compté, xx sols". [13] C'est très certainement dans les puys qu'il chercha à conquérir prix et réputation, car il nous fournit, dans les laisses qui entourent les huit ballades des détails intéressants sur le fonctionnement des puys littéraires du Nord de la France. Il nous fait assister aux trois opérations essentielles qui se renouvelaient à chaque session: première séance publique, où le candidat, après avoir juré qu'il a travaillé seul et qu'il apporte de l'inédit, donne lecture de l'ouvrage qu'il présente et en laisse copie; séance à huis clos, où la compagnie discute, pièces en main, le mérite respectif des concurrents; dernière séance publique, où ont lieu la proclamation et le couronnement des lauréats. Outre quelques conjectures, nous ne savons rien de lui, sauf qu'il devait être toujours en vie en 1350, date où Gilles Li Muisis parle de lui comme son contemporain. [14]

Dans son article précité, Gennrich a donné sa transcription des ballades, ainsi que celle de plusieurs laisses qui les environnent. Nous n'avons que très peu commenté cette transcription im-

---

[12] Kervyn de Lettenhove, *Poésies de Gilles Li Muisis* (Louvain, 1882), p. 89.

[13] Communication de M. le Dr. H. J. Smit, directeur adjoint du Bureau des publications historiques du royaume de Hollande. (Note de THOMAS, op. cit., p. 70.)

[14] Nous renvoyons aussi le lecteur à la note du vers 3918 pour quelques détails.

parfaite dans les notes et nous nous hâtons d'ajouter qu'elle n'a été d'aucun secours dans l'établissement de la présente édition.

### L'Argument du Parfait du Paon

L'auteur nous rappelle que Jacques de Longuyon nous a raconté des hauts faits dans son œuvre inachevée, *Les Vœux du paon* — inachevée parce qu'il manquait d'argent — et que Brisebarre (= Jean Le Court) a ajouté son poème *(Le Restor du paon)* à celui de Jacques. Mais, continue-t-il, ces deux ouvrages ne constituent qu'un commencement et un milieu; la partie la plus intéressante a été laissée de côté; le parachèvement sera la tâche à laquelle Jean de Le Mote se mettra. Il s'agira de nous raconter les démarches de Melidus, roi de Melide, et de ses gens pour venger la mort de Clarvus, frère du roi, qui fut tué par Cassamus. Nous entendrons la suite et la fin de cette histoire, car son maître, Symon de Lille, lui en a donné la matière et l'introduction; le tout est en l'honneur de Symon. *(Première laisse.)*

Au début du récit lui-même, nous trouvons Alexandre en route pour Phezon pour aller conquérir Babylonie. Sur son chemin il découvre une ville que l'auteur ne nomme pas encore, située entre deux fleuves, la Salternie et le Faron. Description des richesses de la ville. Alexandre convoque des hommes liges pour leur exposer son intention de la conquérir, tellement il est impressionné par ses richesses *(deuxième laisse)*. Un membre de l'entourage d'Alexandre nous fait savoir le nom de celui qui la gouverne: le roi Melidus. En plus, nous apprenons les noms des enfants de Melidus: Buchiforas, son fils; Saigremore, Deromadaire, Preamuse, et Clarete, ses quatre filles, plus belles, plus courtoises, plus fières les unes que les autres *(laisse 3)*. Le varlet d'Alexandre discourt sur la prouesse de Melidus et nous dit qu'il est roi de Melide, ville qu'Alexandre jure de ne quitter qu'après l'avoir conquise *(laisse 4)*. Alexandre établit ses plans de combat et envoie trois de ses guerriers, Ayme le duc, Dan Clin, et Tholomer, éclairer le terrain afin de découvrir un emplacement avantageux d'où assiéger la ville. Tholomer revient n'ayant rien trouvé *(5)*. Ayme, par contre, trouve un pré où l'on pourra emmener le cheptel de la ville. Les trois hommes volent toutes les bêtes, mais les bergers qui les gardent font des cris qu'entendent Buchiforas et Melidus. Ceux-ci s'arment et montent leurs destriers, et avec quatre cents chevaliers descendent la vallée et traversent la Salternie *(6)*. Quand Ayme et Tholomer les voient venir, ils abandonnent leur chasse au bétail et en viennent aux prises avec eux. Ayme et Buchiforas se rencontrent et tombent ensemble par terre *(7)*. Tandis que ces deux se combattent vaillamment, Tholomer et Dan Clin se trouvent entourés par l'ennemi.

Dans le château de Melide les quatre filles de Melidus, assises à des fenêtres, observent le combat. Elles admirent les trois Grecs et souhaitent faire leur connaissance et celle de leur roi Alexandre. Peu importe s'ils leur font la guerre; de grande guerre grande paix souvent advient *(8)*. Les choses vont très mal pour les trois guerriers; les dix chevaliers qui les accompagnaient sont tous occis par les forces de Melidus. Nos trois héros s'avouent vaincus et présentent leur épée à Melidus *(9)*. On les emmène au château et on les désarme. Le roi les assure qu'ils sont les bienvenus et qu'il n'y aura pas de représailles *(10)*. Il leur dit, "Soyons amis; sur le champ de bataille on doit montrer sa prouesse, mais ici dans le château, faites comme chez vous. Mais je vous avertis que mon frère, le roi Clarvus, sera vengé."

Un soldat grec qui avait vu la capture des trois héros se hâte de porter la nouvelle à Alexandre, lui apprenant l'accueil gracieux de la part de Melidus. Le roi en est affligé et craint les avoir perdus. Aristé suggère que demain on déclare une trêve et qu'on aille les voir à la cour melidine, suggestion qu'accepte Alexandre et qui calme son ire *(11)*.

Melidus emmène les trois chevaliers dans la chambre amoureuse qui est décrite en détail: elle est construite sur un pilier et tourne au son de trompettes *(12)*. Sur les murs il y a des représentations sculptées en or des hauts faits d'Alexandre *(13)* et des représentations de Didon et d'Enée, de Paris et d'Hélène; l'histoire d'Alexandre devant Phezon; de Porrus et comment il tua le paon; le vœu de Cassamus — en raccourci, l'histoire des *Vœux du paon* et du *Restor du paon*. En plus il y a des représentations saisissantes de vie des dieux et des déesses, Vénus, Mars, Cupidon, Jupiter, etc. *(14)*.

Les trois Grecs et les trois filles Deromadaire, Preamuse et Clarete s'arrangent deux par deux; Saigremore, un peu froissée, dit qu'elle espère avoir un ami aussi. Les hommes rient et l'invitent à se joindre à eux *(15)*. A Saigremore vient l'idée d'exiger que chacun des Grecs débatte avec elle des questions sur l'amour, et elle pose un problème à Ayme. Ici commence une suite de jeux partis. Qui sent plus de mal dans une difficulté amoureuse, l'amant ou l'amie? Ayme répond que c'est l'homme qui souffre le plus quand une femme le refuse *(16)*. Saigremore croit le contraire *(17)*. Elle engage Tholomer dans le débat et lui propose ce sujet: Qu'est-ce qui vaut mieux pour qu'un amant vive heureux et gai, ou qu'une femme lui octroie d'emblée sa grâce, ou qu'il ait l'espoir de l'avoir? Tholomer choisit la grâce, car elle apaise l'espoir; la compagnie loue Tholomer *(18)*. Saigremore pense que ce que l'amant acquiert sans peine ne lui fait pas tant de bien que ce qu'il obtient difficilement, et que l'espoir de grâce est supérieur à son octroi *(19)*. Le problème donné à Dan Clin est celui-ci: Quelles sont les trois vertus qui rendent l'amant plus désirable dans le métier d'aimer? Il répond: secret (i. e., la capacité de cacher aux yeux des autres son amour pour sa dame), beauté, et richesse; il fournit ses raisons et justifie son choix *(20)*. Saigremore, toujours dissidente, dit le contraire, que ces trois vertus n'ont aucune puissance dans l'octroi de l'amour et le prouve tout le long de deux laisses *(21, 22)*. Elle finit par tomber amoureuse d'Ayme ainsi que Deromadaire. Preamuse aime Tholomer et Clarete Dan Clin; la jalousie se développe entre Saigremore et Deromadaire.

Un messager arrive qui annonce qu'Alexandre désire parler à Melidus *(23)*. Le roi veut que Melidus lui ouvre sa ville et qu'il déclare une trêve. Melidus acquiesce et lui souhaite la bienvenue. Ayme décrit les conditions de son emprisonnement et dit au messager de rapporter ses mots à Alexandre *(24)*. Le messager retourne au camp d'Alexandre avec son rapport. Dans l'entretemps, n'ayant pas oublié ses mots fatals, "Mon frère sera vengé," Melidus envoie secrètement chercher l'aide de Porrus, de Cassiel le Baudrain et de Marcien. Quant Porrus reçoit en Ynde son message il pense qu'il y a trois mois seulement Alexandre lui a donné sa femme Fezonne; ensuite il réfléchit que Cassamus avait tué son père. Il croit Alexandre coupable d'avoir brisé la paix en attaquant Melidus et envoie son consentement à ce dernier: il viendra avec plus de vingt mille hommes. Un deuxième courrier est expédié à Chezaire pour assurer le concours de Cassiel, qui lui aussi part avec vingt mille hommes pour venir en aide à Melidus. Le troisième messager part pour la Perse à la recherche de Marcien. Lui s'offre comme arbitre et vient à Melide avec dix mille hommes (25). Porrus arrive à Melide et est accueilli par Gadifer, Betis et Ydorus. Ils regrettent l'action d'Alexandre et craignent que l'affaire ne tourne mal (26). Gadifer et Betis tiennent conseil pour décider s'ils seront du côté d'Alexandre ou de celui de Porrus. Ils craignent seconder Alexandre et veulent aider Porrus parce qu'il est le mari de leur sœur. Enfin Gadifer dit qu'il se mettra du côté d'Alexandre et conseille à son frère de se ranger du côté de Porrus; de sorte que, quand ils se rencontreront sur le champ de bataille, ils se protégeront (27).

Le poète préfère parler maintenant d'Alexandre et des trois invités (plutôt que prisonniers) de Melidus. Les quatre filles de celui-ci et les trois héros grecs passent la nuit dans le badinage où chacun s'ébat jusqu'au matin. Le lendemain ils doivent tous montrer la ville à Alexandre qui mènera avec lui ses chevaliers Aristé, Caulus, Floridas, Lyonne, Festion, et Philote (28). Le roi en compagnie des susmentionnés arrive; ils s'émerveillent de la grandeur de la ville. Un varlet les annonce à la cour. Melidus mande à ses gens de ne pas parler de la guerre ni d'autres sujets ennuyeux. "Parlez-lui plutôt d'amour, de prouesse, ou des choses de l'esprit," leur dit-il. Malgré sa politesse, Melidus avise Alexandre qu'il ne concluera pas de paix avec lui sans avoir préalablement vengé son frère. Alexandre répond qu'il n'a lui non plus aucun désir de faire la paix, et ils laissent là leur rancune mutuelle. Alexandre et ses six pairs se rendent à la chambre amoureuse pour se rafraîchir (29). Les quatre demoiselles sont ravies de voir Alexandre et expriment leur désir que la paix se fasse entre lui et leur père. Ayme vante les qualités des quatre jeunes filles, qui elles, s'opposent au compliment. Elles annoncent à Alexandre qu'il doit "parler et argüer" dans cette chambre et qu'il doit composer une ballade. Il allègue l'ignorance de cet art (30). Celui qui composera la meilleure ballade aura comme prix une couronne d'or; le deuxième gagnant recevra une couronne de fleurs. Alexandre se laisse convaincre; Buchiforas produit une couronne parée de bijoux et invite la compagnie à s'asseoir (*31*). Le fils de Melidus demande à Alexandre de commencer le premier; il refuse et témoigne de la déférence envers les dames: qu'elles commencent, elles; il se laisse enfin persuader et écrit une ballade qu'il va réciter. Description des préparatifs pour l'événement. Alexandre doit jurer que la sienne est originale et n'a jamais été entendue autrepart (*32*). Ballade d'Alexandre, dans laquelle il affirme qu'il ne pourrait mieux faire que de servir une dame qu'il aime (*33*). Il y a toute une discussion pour savoir qui parlera ensuite; Deromadaire, Leone, et Aristé refusent de réciter (*34*). Deromadaire commence sa ballade (*35*) qui traduit sa répugnance à refuser quoi que ce soit à son amant (*36*). Alexandre lui fait des compliments gracieux et appelle Ayme à réciter sa ballade (*37*). Celle d'Ayme nous apprend pourquoi il sera toujours un vrai amant et pourquoi l'amour le rend joyeux (*38*).

Buchiforas assermente Preamuse et elle présente sa ballade (*39*): Son ami qui sait tout ne sait pourtant pas qu'il est aimé; elle n'a aucun espoir de le lui faire savoir, car une dame bien élevée ne prie pas un homme la première: voilà pourquoi elle souffre (*40*). C'est à Saigremore de présenter sa ballade qu'elle dit ne savoir jamais finir parce qu'elle est triste: elle n'a pas de compagnon comme ses trois sœurs. Alexandre lui présente Lyone comme compagnon. C'est le tour de Tholomer qui s'assied sur le trône d'or d'où il va réciter sa contribution (*41*). Il nous raconte tous les avantages d'aimer car lui, il s'y connaît (*42*). Saigremore nous raconte comment elle avait des soucis et des goûts non-profitables puisqu'elle n'avait pas d'ami; mais puisqu'elle en a un maintenant elle veut le garder et elle rend grâces à l'amour d'avoir trouvé un nouvel ami (*43, 44*). Lyone et Saigremore s'asseyent ensemble, se trouvant aimables. Dan Clin offre volontairement une ballade (*45*): Il veut être dans la prison d'amour, on y est si bien; l'espoir l'y a mené (*46*). La ballade de Clarete, très savamment construite, montre comment elle est favorisée par l'amour (*47, 48*).

La compagnie sort de la chambre pour discuter le concours et choisir les gagnants. On lit chaque ballade plus de dix fois et la discussion devient très mouvementée (*49*). Aristé débat la valeur relative des ballades et finit par opter pour celle de Clarete. Les autres membres de la compagnie veulent donner la couronne verte à Alexandre et la couronne d'or à Clarete. L'auteur nous dit, en passant, que l'œuvre qu'il est en train de composer — le *Parfait* lui-même — est de toutes la plus subtile, et la moins appréciée. Mais son maître, le bon Simon de Lille sait apprécier l'auteur en lui donnant de quoi vivre, une chambre et un secrétaire *(50)*. Le jury annonce sa décision: Clarete est la gagnante, et on pose la couronne sur sa tête. Ses sœurs la jalousent, mais applaudissent le choix. Le second prix est décerné à Alexandre. Les trompettes sonnent en liesse et la chambre commence à tourner sur son pilier. Alexandre et ses pairs grecs tombent par terre et ont grand-peur. Melidus et sa compagnie en rient; Clarete leur explique la magie de cette chambre *(51)*. La compagnie se réjouit, boit, et danse. Un messager arrive *(52)*. Il annonce l'arrivée des guerriers Porrus, Betis, Cassiel et Marcien hors les murs de l'autre côté du Faron. Ils viennent aider Melidus contre Alexandre. Celui-là et son fils acceptent leur aide devant Alexandre — insulte qui prédit une bataille *(53)*. A cette nouvelle, Alexandre se fâche, ainsi que ses pairs; ils perdent leur désir de continuer leurs chansons. Alexandre considère Melidus comme un traître et lui déclare la guerre. Melidus propose de dîner ensemble avant de se battre et de maintenir la trêve jusqu'au lendemain *(54)*.

Il y a deux grands fleuves entre les deux armées, le Faron et la Salternie. Description d'une rencontre polie entre Alexandre et Porrus *(55)*. Alexandre lui demande, "Viens-tu pour m'aider ou pour m'opposer?" Il pose la même question au Baudrain et à Marcien. Tous sont contre lui sauf Gadifer *(56)*. Alexandre cache son courroux et la compagnie se met à table *(57)*. Le paon restauré, apporté par Gadifer, est mis en évidence devant les conviés. Melidus en raconte l'histoire et propose que l'assemblée fasse des vœux tout comme faisaient autrefois les compagnies dans les deux poèmes qui précèdent le *Parfait (58)*. Porrus trouve que c'est une mauvaise idée car tout le monde serait ennuyé; il faudrait plutôt demander à ceux qui n'avaient pas voué auparavant — pour des raisons diverses — à savoir, Alexandre, Festion, Philoté, Antigonus, Melidus, Buchiforas, Betis, Marcien, et les quatre filles du roi de Melide. Alexandre fera le premier vœu *(59)*. Il est fâché que Porrus, le Baudrain, Marcien, et Betis soient contre lui — eux qui étaient ses hommes liges. Il va faire un vœu qui les peinera: il voue de ne jamais faire la paix avec eux et de prendre la ville et de poursuivre ces hommes, ses ennemis, jusqu'à la mort (*60*). Les barons l'écoutent avec tristesse et personne ne dit mot, sauf Porrus, qui déclare la guerre (*61*). L'atmosphère est tendue et Porrus prie rapidement Clarete de faire son vœu pour calmer la compagnie. Elle voue au paon de servir les trois prisonniers grecs et de veiller à ce qu'on ne leur fasse pas de mal. Porrus met alors le paon devant son oncle, ce qui signifie que c'est son tour (*62*). Melidus voue de vaincre Alexandre; celui-ci, dans la tradition des chansons de geste, loue le courage de Melidus (*63*). Preamuse voue alors d'aller jeudi matin au milieu de la bataille; si elle y trouve morts son père et son frère, elle se laissera tuer par qui en aura envie (*64*). Festion voue de tuer un des six qui se trouvent là parmi la compagnie. La tension est telle qu'il y a presque une dispute (*65*). Betis voue d'aider Porrus à faire le premier coup dans la bataille et de ne partir qu'après avoir vu prendre les boyaux de celui qu'il aura tué (*66*). "Nous aurons alors," dit Alexandre, "une bonne bataille, dure et cruelle." (*67*) Deromadaire voue que si son père souffre dans la bataille, elle montera dans la haute tour du château où elle allumera un feu. Elle dégainera du fourreau une épée. Si ceux en qui il y a hardiesse sont occis, elle se frappera de l'épée et tombera dans le feu (*68*). Philote voue de porter l'enseigne du roi, de passer la Salternie sur son cheval et de poser l'enseigne d'Alexandre sur le plus haut créneau du château de sorte que tout le monde pourra la voir du champ de bataille (*69*). Marcien voue qu'il se frayera un chemin au travers du plus fort de la bataille jusqu'à la tente d'Alexandre pour en couper les cordes; si quelqu'un court à la défense d'Alexandre, il lui tranchera la tête (*70*). Porrus promet une bataille bien rude et dit simplement qu'il donnera trente ou quarante bons coups d'épée (*71*). Saigremore voue de ne manger que du pain et de l'eau, et de ne pas dormir tant que durera la bataille; elle priera nuit et jour que sa mère et son père évitent des dangers (*72*). Le vœu de Buchiforas: il cherchera partout dans la bataille le roi Alexandre et lui donnera un tel coup qu'il tombera par terre; puis il foncera sur lui avec son cheval. Antigonus voue de couper le bras et l'épaule dont se servira Buchiforas pour frapper Alexandre et les présentera à ce même roi. Ici prend fin la cérémonie des vœux (*73*).

Alexandre prend congé de la compagnie en assurant Ayme, Tholomer et Dan Clin qu'il les libérera bientôt. Avec lui partent Caulus, Aristé, Floridas, Dauris, Festion, Philote, Antigonus et Gadifer. Le roi et ses pairs établissent des plans d'attaque *(74)*. Porrus, le Baudrain, Betis, Buchiforas, Melidus et Marcien (= la gent melidine) passent la nuit à méditer leur stratégie. Melidus donne la première bataille à Porrus; le Baudrain conduira le deuxième corps de bataille, Betis le troisième *(75)*. Marcien sera le capitaine du quatrième groupe, Buchiforas du cinquième, Porrus du sixième *(76)*. Les Yndois s'apprêtent pour la bataille *(77)*. Description sommaire des forces de Melide et de leur étendard *(78)*.

Alexandre dresse un plan. Gadifer sera le capitaine du premier groupe de guerriers *(79)*. Le roi désigne Festion le chef du deuxième *(80)*. Antigonus aura le commandement du troisième *(81)*. Alexandre expose ses plans de campagne *(82)*. Description des quatre filles de Melidus — comment elles passent la veille de la grande bataille *(83)*.

Jeudi arrive; Melidus possède plus de cent mille hommes; Alexandre en a quarante mille. Gadifer prend les premières troupes. Porrus aurait dû mener la première attaque pour Melidus, mais Betis s'en charge. Les deux frères se combattent sur le champ de bataille mais ne se reconnaissent pas. Bruits de l'action militaire *(84)*. Rencontre entre Gadifer et Betis: celui-ci transperce son frère d'une épée; il tombe blessé à mort. Quand Betis reconnaît son frère il tombe en pâmoison. Accomplissement ironique du vœu de Betis *(85)*. Lamentations de Betis et pardon de Gadifer qui se meurt *(86)*. Le survivant se douloit et désire tuer Alexandre pour venger la mort de son frère. Il combat vaillamment. On enlève le corps de Gadifer et l'apporte à la tente du roi. Description graphique de la bataille sanglante entre les Grecs et les Yndois — entre Porrus et Festion surtout *(87)*. Porrus désarçonne Festion qui en est mortifié. Les autres, Philote, Aristé, etc., se joignent au combat *(88)*. La bataille continue; chaque guerrier donne son cri de guerre *(89)*. Buchiforas chevauche parmi les mêlées à la recherche d'Alexandre. En le trouvant, il lui donne un coup d'épée terrible, lui enlève son heaume et tue son cheval; il s'en va ayant accompli son vœu *(90)*. A pied au milieu de la bataille Alexandre "pourfent et abat et detrenche; testes, bras et espaulles fait voler au préal," mais il est néanmoins gravement blessé. Ses guerriers lui viennent en aide, et Floridas lui sauve la vie en tuant un Baudrain; Floridas prend le cheval de l'homme qu'il vient de tuer et le donne à Alexandre (*91*).

Ayme, Tholomer et Dan Clin, toujours prisonniers dans le château, observent le progrès de la bataille et souhaitent y participer (*92*). Cassiel rencontre Aristé de Valestre et le navre grièvement. Marcien frappe Floridas; Melidus frappe un Machidonois et blesse le pair Perdicas. Ce dernier et Floridas sont amenés à la tente d'Alexandre (*93*). Rencontre entre le roi et Melidus; celui-là tue celui-ci. A la vue de leur souverain mort la gent melidine s'effraie beaucoup et bat en retraite. La bataille entre les deux camps s'aigrit (*94*). Marcien va de combat en combat dans un effort d'atteindre la tente d'Alexandre. Quant il y parvient, il abat tous les gardes qui l'entourent, réussit à en couper les cordes et à la faire chuter. Ainsi accomplit-il son vœu. Description d'une nouvelle bataille on ne peut plus sanglante (*95*). Antigonus cherche Buchiforas parmi les combattants; il porte avec lui son épée dont l'histoire illustre se trouve exposée dans ce chapitre (*96*). Antigonus lui coupe le bras et l'épaule et les présente avec son épée à Alexandre qui les fait porter à sa tente démolie (*97*). Buchiforas honni, s'enfuit vers le fleuve Salternie, y saute, s'engloutit, et se noie de douleur et de honte. Il ne reste que Betis, Marcien et Porrus. Marcien blâme Porrus d'avoir conseillé à tout le monde de combattre contre Alexandre et d'avoir causé ainsi la mort de leurs compagnons (*98*). Marcien qui prévoit une mort certaine pour les siens en revient néanmoins aux mains avec les Chaldéens. Et Porrus et Cassiel de faire de même. Récit des exploits de celui-là (*99*). Tableau de la rencontre entre Festion et Marcien pendant laquelle celui-là tue celui-ci (*100*). Relation des terribles violences que Betis inflige sur son ennemi Patermore, neveu d'Alexandre, et sur Festion. Patermore en meurt (*101*). Porris, Betis et le Baudrain continuent à montrer leurs prouesses sur le champ d'honneur (*102*). Narration des exploits de Daurris, de Floridas et de Betis (*103*). Betis, le seul héros debout contre les forces alexandrines lamente son destin. Il est si bon guerrier qu'il faut trois héros grecs pour le soumettre: Antigonus, Daurris et Floridas le pressent si près et le tourmentent si atrocement que son cœur s'arrête. Porrus et le Baudrain s'affligent de sa mort. Les Indiens commencent à fuir et Philote voit l'occasion d'accomplir son vœu: il porte l'enseigne du roi et traverse la Salternie *(104)*. Arrivé devant le château, il trouve quatre sergents qui lui en barrent l'entrée; l'un d'entre eux tue son cheval et désarçonne Philote *(105)*. Notre héros tue trois des gardes et le quatrième effrayé, lui ouvre la porte. Une fois dans le château, Philote trouve vingt Indiens dont la consigne est de l'empêcher de planter l'enseigne d'Alexandre sur la plus haute tour. Philote se défend très courageusement et tue tous ceux qu'il férit. Il réussit à fixer le drapeau de sorte que tout le monde pourra le voir *(106)*. Après avoir accompli son vœu, Philote entre dans la chambre amoureuse où il trouve les trois prisonniers de Melidus; il se propose de les libérer. En apprenant la mort de leur père et de leur frère, Clarete et Saigremore se lamentent et déchirent leurs vêtements *(107)*. Deromadaire apprend la nouvelle et se tue comme elle avait voué. Tholomer et Dan Clin l'enveloppent dans un linceul.

Dehors, la bataille continue de plus belle *(108)*. Récit de la défense héroïque de Porrus et de Cassiel le Baudrain *(109)*. Récit des prouesses de Porrus; il tue vingt-huit de ses ennemis *(110)*. Cassiel, tout ensanglanté, continue sa lutte contre Alexandre, Daurris et Floridas *(111, 112)*. Il se défend bien mais Alexandre l'atteint avec un dard et Daurris le frappe par derrière sur la nuque, et il tombe mort, écharpé à coups d'épée *(113)*.

De tous les ennemis d'Alexandre il ne reste que Porrus, qui, bien que mortellement blessé, continue à férir non moins vigoureusement *(114)*. Alexandre se souvenant de son vœu de ne jamais faire la paix avec Porrus, exhorte ses Grecs à l'attaquer *(115)*. Porrus est un guerrier tellement féroce qu'il inspire à l'auteur une litanie de comparaisons. La lutte entre lui et les Grecs est terrible à voir et la prouesse de Porrus telle, qu'Alexandre lui offre la vie sauve et l'occasion de s'exiler. Porrus refuse dédaigneusement la clémence d'Alexandre et lui propose une joute à mort *(116)*. Description du combat effroyable entre les deux guerriers. Ils se fatiguent tant qu'ils se mettent d'accord pour prendre de l'haleine; et la lutte reprend de plus belle *(117)*. Alexandre répète son offre que Porrus rejette de nouveau et jure de le tuer. Et le combat de reprendre *(118)*. Pour la troisième fois Alexandre se montre généreux en lui offrant un destrier d'Arragon s'il quitte le pays. La nature injurieuse de la réponse dépasse toutes les bornes; tellement viles sont les insultes qu'Alexandre redouble ses coups et la bataille s'embrase *(119, 120)*. Ils s'infligent de si terribles coups que leurs corps n'obéissent plus. Pourtant Alexandre trouve assez de force pour trancher en deux la tête de son adversaire; il fait porter son corps à sa tente, car il regrette beaucoup la mort de Porrus. Maintenant les forces alexandrines entrent dans Melide pour la conquérir *(121)*.

Alexandre vainqueur fait ramasser les morts du champ de bataille et ensuite les fait mettre en bière *(122)*. Il délivre ses trois chevaliers emprisonnés et leur avoue qu'il regrette son mauvais vœu et la mort de Porrus et du Soudan de Baudres. Ayme le console en disant que ces ennemis bien que fermes, forts et puissants, ont manqué de loyauté envers leur suzerain *(123)*. Le roi envoie Gadifer et Betis à Ephèze. Lorsque Ydorus, la femme de Betis, aprend la mort de son mari, elle meurt de douleur. On enterre les deux frères près de Cassamus dans le Temple de Vénus et de Dyane. Phezonne, la femme de Porrus meurt aussi en apprenant sa mort. De même Edea pour l'amour du Baudrain, et Elyos pour Marcien. Après une veillée mortuaire de trois jours, on enterre tous les guerriers occis dans cette grande et terrible bataille. Après l'enterrement il y a maint sacrifice de cheptel *(124)*.

Alexandre et ses gens demeurent encore quinze jours à Melide — le temps de guérir leurs plaies. Il convoque ses pairs et leur dit qu'avant de partir pour la Babylonie il veut partager les immenses domaines qu'il a jusqu'ici conquis. Il donne toute l'Inde à Preamuse si elle épouse Dan Clin; il les marie tout de suite. Ensuite viennent les mariages entre Tholomer et Clarete — avec le pays de Phezon comme cadeau, et entre Lyone et Saigremore. Le roi part alors pour Babel où il doit mourir *(125)*.

Jean de Le Mote nous dit qu'il a complété *Le Paon* avec joie et loue son maître Simon *(126)*. Et dans la dernière laisse l'auteur cache dans un acrostiche son nom et fournit la date de composition de cette œuvre *(127)*.

On discerne, donc, huit divisions, plus ou moins majeures dans *Le Parfait du paon:*

| | | |
|---|---|---|
| I | Laisse *1* | Introduction. |
| II | Laisses *2* à *14* | Alexandre devant Melide; la capture des trois Grecs. |
| III | Laisses *15* à *23* | Les jeux-partis. |
| IV | Laisses *24* à *27* | Trève entre les deux rois; les démarches secrètes de Mellidus; l'arrivé des armées. |
| V | Laisses *28* à *56* | Le concours de ballades. |
| VI | Laisses *57* à *73* | La cérémonie des vœux. |
| VII | Laisses *74* à *121* | Le récit des nombreuses batailles. |
| VIII | Laisses *122* à *127* | La fin. |

## Les Manuscrits

Un texte complet du *Parfait du paon* se trouve dans un manuscrit du quatorzième siècle W (BNF 12565) et un autre, incomplet, dans *S1* (Douce 165) du même siècle, dont les dernières pages qui contenaient les quatre-vingt-dix-huit vers qui achèvent le poème dans W manquent. Cependant, les mots complet et incomplet ne sont que relatifs dans ce contexte: nous avons dit dans notre édition du *Restor du paon* que W a la réputation de faire des omissions "éditoriales," pour la plupart défendables; on ne peut pourtant justifier toutes les omissions de ce copiste comme on le pouvait dans le *Restor*, et ses leçons sont en général moins acceptables que celles de *S1*. C'est ce dernier qui s'impose donc comme manuscrit de base, bien que ce copiste omette aussi, non pas toujours des vers entiers comme le fait souvent W, mais par distraction ou inadvertance, des mots individuels. Il nous a paru plus raisonnable de justifier les omissions fréquentes mais relativement peu graves de *S1* que d'expliquer les leçons douteuses ou mauvaises, relativement fréquentes, du copiste W. Le fait que 98 vers ont été perdus à la fin de *S1* n'a donc pas influencé notre choix de texte, ni ne doit l'influencer, croyons-nous. En effet, W lui-même omet dans le corpus du poème quelque quarante-huit vers qu'il eût été nécessaire de réintégrer, car beaucoup sont indispensables, dans le texte, fait qui justifie, quantitativement au moins, notre choix. D'après l'histoire textuelle de nos manuscrits nous ne nous attendions pas à choisir *S1* puisqu'il n'était pas très

INTRODUCTION 27

satisfaisant ni pour les *Vœux* ni pour le *Restor;* cette histoire intéressante peut se trouver, détaillée, et dans notre édition du *Restor* (p. 17-20) et dans les livres de F. T. H. Fletcher, R. L. G. Ritchie, et R. A. Magill dont les adresses bibliographiques sont dans la bibliographie.

*S1* ne contient qu'une seule miniature presque totalement oblitérée par de l'encre au début du *Parfait*. *W*, par contre, un manuscrit plus beau et d'une écriture plus soignée, en contient plusieurs que nous avons signalées individuellement dans les notes. Tous les deux sont écrits dans le dialecte de l'Ile de France avec des traits picards marqués; *W* est plus picardisant que *S1;* l'étude des traits linguistiques de celui-ci se trouve *infra*.

## Traits Linguistiques

A. *Language de l'auteur.*

Les rimes suivantes apparaissent dans le *Parfait du paon: -a 25, 52, 69, 115; -age 15; -ages 53; -ai (ay) 72, 82; -aille 103; -ain 83; -ainne 76, 120; -ains 26, 111; -aire 28, 68, 110, 127; -ais (és) 18; -al 91; -ans 35, 78; -ant 50, 66, 94, 121; -as 96; -ax (aux, aus) 7, 89; -é 51, 98; -ee 4, 30, 41, 49, 99, 123; -ees 77; -el 6, 113; -elle 114; -ellez 52; -endre 37, 67; -ens 107; -ent 8, 29, 39, 93, 106; -ente 9, 71; -er 20, 87; -erent 117; -és (ez) 85, 116; -eus 64, 90; -euse 13; -i 21, 45, 74, 97; -ie 2, 17, 32, 73, 95, 124; -ié 27, 112; -ier 16, 60, 100; -iere 5; -iers 24; -iés 105; -iex (ix) 61; -in 10, 70; -ine 75; -ir 62, 125; -is 55, 104; -ise 47; -oie 23, 34, 126; -oir 31; -ois 3, 80; -oit 14; -on 1, 12, 65, 101, 119; -ons 54; -onne 102; -ort 86; -our 63, 79, 88, 108; -ours 43; -oy 57, 118; -u 19; -ue 56, 122; -ur 92; -ure 22; -us 11, 58, 81, 84, 109.*

*Phonologie:* A nasal entravé rime rarement avec e nasal entravé. Dans les six laisses en *a* nasal entravé (*-ans 35, -ant 50, 66, 94, 121*) l'exception est *apparant* 2731; *tans* 1101, 2209 et *dolant* 1451 sont généralement acceptés même dans les meilleurs textes. Les dix laisses en *-endre, -ens, -ent,* et *-ente* ne montrent que e nasal entravé.

Les laisses 83 en *-ain;* 76, 120 en *-ainne,* et 26, 111 en *-ains,* montrent plusieurs rimes en a) *-ein,* b) *-eins,* c) *-einne:* a) *serain*

2287; b) *attains* 836, *deschains* 831, *destrains* 3335, *emprains* 3331, *estains* 841, *estrains* 3336, *mains* 3332, *plains* 840, *tains* 3325; c) *balainne* 2134, *estrainne* 2137, *painne* 2142, 2148, 3142; *plainne* 2139.

Les laisses *3* et *80* montrent que *ei* est devenu *oi*.

Dans la laisse *18* les rimes en -*ais* proviennent toujours de *a* + palatale, excepté: *prais* 559, *prés*, 565, *varlés* 568; les rimes en -*aire* des laisses *28, 68, 110, 127* ont la même provenance.

Dans la laisse 7, -*ax* rime avec -*iax*. Dans la laisse *61*, -*iex* rime avec -*ix*.

La terminaison de la deuxième personne du pluriel de l'imparfait et du conditionnel est monosyllabique, comme dans: *oïssiez* 993, *veïssiez* 999, *sentiés* 1171, *diriés* 1172, *iriés* 3684; mais *ariés* 2719.

Il y a réduction uniforme de -*iee* à -*ie* dans les mots rimés et à l'intérieur du vers. Ainsi *proisie* 83, 3785; *resongnie* 85, *mesnie* 90, 1031, 2764; *bateillie* 95, 3806; *avoiie* 539, *entaillie* 1001, *couchie* 1006, 2779; *appareillie* 1019, *veroullie* 1032, *atachie* 2049, *loije* 2050, *lie* 2052, *depichie* 2788, *fie* 1044, 2765, 2796, etc.

Z final n'est pas différencié de *s* final; ainsi dans les laisses *3* et *80* en -*ois* apparaissent *destrois* 131, *adrois* 136, *drois* 2248. Ainsi dans la laisse 104 en -*is* apparaissent *esperis* 3102, *delis* 3080, *pis* 3087.

*Morphologie:* Le pronom personnel tonique *mi* (= moi) apparaît à la rime aux vers 652, 662, 1111, 1120. Le pronom possessif *le son* apparaît à la rime au vers 3603, un exemple de la licence poétique, sans doute, ou pronom possessif refait sur l'adjectif.

Les formes contractées *no* et *vo* (*nos, vos*) de l'adjectif possessif apparaissent dans les vers: *vo* 288, 312, 525, 1859, 2044; *vos* 556, 1430; *no* 1361, 1920, 3273; *nos* 3277, etc. Les formes non-contractées apparaissent dans *vostre* 1218, etc., et *nostre* 336, 2904, etc.

Les futurs et les conditionnels avec un *e* svarabhaktique sont très fréquents: *avera* 813, 3420; *averay* 2005, *averés* 2243, *averez* 2117, *averons* 1549, *averont* 3122, *raverai* 362, *raverons* 1556, *rabateront* 1085, *renderoit* 1193, *metteront* 2897, *metterés* 3148, *metteray* 2269, *perdera* 2038, *perderés* 2068, *stordera* 2898, *cognistera* 2828, *vivera* 3446, *isterrai* 363, *entendera* 2102. Les formes courtes se présentent aussi: *aray* 702, *aurai* 1215, 1243; *ariez* 530, *aroit* 3051, *arons* 1965, 1880; *arras* 3619, *donrra* 1775, *sarez* 1755, *sarés* 1660. Remarquez aussi *morés* 3499.

La première personne du singulier de l'imparfait et du conditionnel garde régulièrement l'*e* étymologique, comme dans *sivrroie* 1734, *metroie* 285, *voudroie* 1910, etc.

En général la déclinaison nominale est observée. Les substantifs masculins de la classe I se terminent avec -*s* au nominatif singulier, lequel manque au nominatif pluriel. Les substantifs masculins de la classe II peuvent montrer un -*s* analogique au nominatif singulier, comme dans *Mez perez en est* 3274. Les substantifs féminins de la classe II peuvent montrer un -*s* analogique au nominatif singulier: *saisons* 1559.

Les adjectifs féminins de la classe II prennent souvent l'*e* analogique au singulier: *grande bataille* 2030, 2783; *grande luour* 3230; *grandez sont les batailles* 2629; *grande biere* 3249. Mais *.ii. grans batailles* 2811; *grant noise* 2465, 2851, *grant value* 3701, *grant guerre grant pes* 273.

Dans *perdi* 3797, le *t* n'a pas encore paru dans les parfaits faibles; de même: *parti* 2082, *verti* 2095, *resclarsi* 2100, et dans la 97$^{ième}$ laisse: *attendi, feri, abati,* etc.

La conservation du *t* final non-appuyé après les voyelles toniques est caractéristique des dialectes du nord: *la paroit* 399, et 414, où le mot est à la rime.

Le texte offre le doublet *cit* 258 (< citem) et *cité* 81, 96, 111, 121, etc. (< civitatem); et la forme analogique *roumant* 1452.

*Syntaxe:* L'emploi du pronom personnel tonique *te* (la forme faible) avec l'impératif signale une particularité typiquement picarde: *Ren te* 287.

B. *Langage du copiste S1.*

*Phonologie: Vocalisme: E* fermé suivi de *l* + consonne peut devenir *-iau: iaus* 3539, *yaus* 1395, 3290; *yax* 225; pourtant *els* 3470; *eus* 3263; *euls* 1026, 3204, 3300, 3751, 3761; *eulz* 201, 246, 292, 3427.

La diphtongaison de *e* ouvert tonique entravé se présente: *tiere* 3724, et *cuviers* 3614; les formes *biaus* 310, 2354, 2937; *biauté* 135, *biautez* 666; *isniax* 218, présentent sa triphongaison, ainsi que celle de *e* fermé entravé dans *chiaus* 2331 et *cheviax* 219.

*E* fermé libre + nasale > picard *aine-e*. Ce trait distingue l'ancien picard de tous les parlers avoisinants: *plain* 662, 2283; *plains* 2890, *tains* 222, *mains* 1451, 1637, 1668.

*E* protonique + *l* mouillé > picard *i* dans *travillié(s)* 3347, 3454; *meilleur des milleurs* 2047. Cf. le suffixe *-icula* > *ille* dans *orillier* 1007.

*E* ouvert libre > picard *ie*, comme en francien, quelquefois se monophtongue en *i*: *depiecent* 3220, mais *depichie* 2788, *depicié* 3385, *depicierent* 3526.

*E* initial libre passe à *i* dans *hiretier* 1729, *deshireté* 2877, *deshiretoit* 2891. Nyrop classifie ce phénomène comme la métathèse réciproque de deux voyelles.

Comme le groupe *c* + *a* ne se palatalise pas en picard, *a* initial, étant appuyé, peut se conserver au lieu de passer à *e*: *charra* 1976.

Il y a nombre d'exemples de la réduction de la triphtongue *ieu* à *iu* (*ix*): *chix* 1751, *mix* 1373, 1473, 1747, 2827 (mais *miex* 1101, 3504); *dix* 2200, 2894, 2911, 3618 (mais *diex* 3235); *vix* 2381, *espix* 3410 (mais *espiex* 2613); *triullees* 2158 (< tegula).

La diphtongue dans *jeu* et *feu* a pu se réduire à *u*, dans *jus* 369, 889, et dans *fus* 3279.

*O* initial devant nasal > picard *a* dans *pramet* 162. (Gossen, para. 36)

*Au* pour *ou*, dans *decaupé* 3100 = un trait picard.

Il y a eu monophtongaison de *oi* à *o* dans *afobloiant* 3645.

La forme appuyée *buen* apparaît au nord comme *boin* 864, 1280, 2258 (*boins*), 2363, 2692, 2840, 2846, 3255, 3489; *boinne* 1207, 1292, 3780 (*bonne* 1283).

*en* pour *an* étymologique: *mengerai* 3620.

*en* pour *on* 586.

*an(m)* pour *en(m)* étymologique: *tamps* 3369 (*temps* 183); *ensamble* 1309, *assamblee* 1354, *resambloient* 1442, *empané* 3371, *enpanee* 143, *panons* 224, *anclin* 454, *planiere* 168, 284; *sanz* 507, *manacent* 2204.

Latin *insignia* devient *ensaigne* 2272, 2275, 3191 (mais *enseigne* 3202, et *enseingnier* 492.)

Il y a les exemples de *hurterent* 3528, *s'entrehurterent* 238, qui ne montrent que des forms en *-hurt-*. (Cf. Pope, para. 499: *hurter* avant de devenir *heurter*.)

L'hésitation entre la prononciation *ar* ou *er* + consonne est résolue en *er*: *lerme* 3757.

*Nuptiae* > *noptiae* > (sous l'influence de \**novius* ou *noctem*) *noptias* ou *noctias* > *noces;* mais au vers 3870 devient *neuches*. (P. Fouché, *Phonétique historique du français*, II, p. 237; ... [cette] diphtongaison semble confinée au picard, au normand et à l'anglo-normand...)

*Consonnantisme:* La palatalisation des occlusives vélaires devant les voyelles antérieures est normale dans la majorité des formes, mais retardée dans d'autres: *cheval* 1834, 2034 (*ceval* 1922); *chevaux* 2767; *chevax* 178, 213; *chastel* 1831 (*castel* 1924); *choze* 3697 (*coze* 1912); *chaple* 2515, 2741, 2997, 3253 (*caple* 2628, 2629, 3036); *chascuns* 286 (*cascuns* 839, 1081; *cascune* 1384); *chascune* 1389; *chanchons* 1793 (*canchons* 1548, *canchon* 2763); *champaigne* 3632; *cheviax* 219; *chiere* 2748; *chaus* 1742, 2558; *cherrai* 1905; *cheüs* 2351, 2498, 3267; *chaï* 2385; *chïent* 3090; mais *cevauce* 3470; *cevalerie* 3794, *cachant* (= chassant) 3404, *cacha* 3426, *caploison* 3622; *escausfement* 2076; *cils* 2759, 2084; *cilz* 409, 564, 594, 1008, etc.; *celle* 1044.

*C* + *a* libre, initial et intérieur > picard *-ke* [k] (écrit *c, ch, qu*): *blance* 2203, *cerquier* 3709, *canchelant* 3598, *rice* 1862 (*riche* 277, 378, 384, 412, etc.); *cief* 3401 (*chief* 430, 3757); *bouce* 1600 (*bouche* 508); *trencié* 3356.

*C* + *e, i* à l'initiale et intérieur derrière consonne, *c* + yod intérieur, *t* + yod derrière consonne > picard *c* [t ʃ] (écrit *c, ch*). Ce traitement de la palatale est caractéristique du picard (et du normand): *prinche* 865 (*prince* 472, 765, 859); *chité* 1730, 2313 2718 (*cité* 81, 96, 111, 121, etc.); *cerquier* 3709, *achier* 2975 (*acier* 3000, 3155); *lanches* 822, *lanche* 2118 (*lance* 2332, 2444, etc.); *douch* 1367, 2310, 2287 (*douce* 419, 493, 497); *doucheur* 2674, *douchement* 1165 (*doucement* 1174, 2301); *souspechons* (< *suspicionem*) 1557 (*souppeçon* 3596); *encauchent* 2943.

*S* intérieur devant consonne > picard *r* dans *varlés* 137, 348, 568, 749, 760 (mais *vallés* 826, *vallet* 2849).

Il y a quelques exemples de métathèse: a) réciproque de voyelles: *envolepee* 3248, *manecier* (pour *menacier*) 2979; b) réciproque de consonnes: *penrez* 734; c) simple: *Garnade* 61, *atrempance* 599, *atremper* 599, *vredour* 2491, etc.

La consonne d'appui *d* n'apparaît pas entre *n-r* dans *tenray* 1752, 2271; *venroit* 3677, *penrez* 743, *prenroie* 2263, *venra* 750; mais est introduite dans *revendrai* 1979, *tendrai*, 1986, *vindrent* 352, *tendrement* 3671. La consonne d'appui *b* est absente entre *m-l* dans *humlez* 1754 et *humlement* 1350; mais apparaît généralement comme dans *samble* 2931, 3283; *assamblee (-ez)* 1354, 2369; *ensamble* 1309, 3396; *resambloient* 1442.

*Morphologie:* L'article féminin *li* apparaît dans 1407, 3724. *Le* comme article féminin singulier est très commun: 813, 993, 1032, 1174, 1390, 1498, 1955, 2125, 2516, 2796, 2802, 3226, 3346, 3650, 3793, 3801, 3817, etc.

La désinence de la première personne du pluriel en *-iens* apparaît dans l'imparfait, le conditionnel, et par analogie dans l'imparfait du subjonctif: *estiens* 2911, *aviens* 2880, *lairiens* 849, *eussiens* 1951, *fesiens* 1676.

Comme nous l'avons indiqué pour le language de l'auteur, des formes variées se présentent dans le futur et le conditionnel du verbe *avoir*: *averons* 1549, *avera* 813, 3432; *arras* 3619, *arons* 1965, 1880, et *ariez* 530, *auroie* 2720, 3567, *aroit* 3051.

La première personne du présent de l'indicatif en *-ch*: *Sentio* donne régulièrement *sench* au vers 3238. Une formation analogique [Gossen, para. 75, 1] à la troisième personne, se trouve dans *conmencha* 1947, 3114.

Comme nous l'avons indiqué pour le langage de l'auteur, les formes contractées des adjectifs possessifs sont communes: *vo* 288, 312, 525, 1859, 2045; *vos* 556, 1430; *no* 1361, 1920, 2901, 3273; *nos* 3277, etc. (mais *vostre* 1218, etc.; *nostre* 336, 2904, etc.).

*Me* pour *ma* apparaît au vers 1347; *men* pour *mon* 1169, 1367; *mi* pour *moi* 1169; *se* pour *sa* 3067, 3653; *sen* pour *son* 2401.

En général la déclinaison nominale est observée. Les substantifs masculins de la classe I se terminent avec *-s* au nominatif singulier, lequel manque au nominatif pluriel; mais il y a des exceptions telles que: *li iij princes*, nom. pl. 450; *barons*, nom. pl. 291; *espoïr*, nom. sg. 597-603 (mais *espoirs*, nom. sg. 605); *Marciën*, nom. sg. 2187; *Gadiffer*, nom. sg. 2235; *cremeur, paor*, nom. sg. 550; *Aymes li dus*, acc. sg. 170, etc. Les substantifs masculins de la classe II peuvent montrer un *-s* analogique au nominatif singulier, comme dans: *vos peres fu* 2890; *vos freres sui* 2379;

*perez* 2869, 3274; *freres* 2356, etc. (Pourtant *saint Pere* 565, *pere* 3222.) Le vocatif *frere* 2374, 2389, 2392, etc., et *amis* 794, *onclez* 1666. Les substantifs féminins de la classe II peuvent montrer un -*s* analogique au nominatif singulier: *biautés* 666, 679, 757, etc. (mais *biauté*, nom. sg. 644); *raisons* 1010, 3793; *vertus* 627, etc.

*Syntaxe:* L'emploi du pronom personnel tonique *me* (la forme faible) avec l'impératif signale une particularité typiquement picarde: *Esquive me* 868.

*Orthographe:* La confusion entre *s* et *c* est fréquente: *c* pour *s: Perce* 61, *ces* (= ses) 143, 326, 329, 333, 334, 347, 750, etc.; *c'est* 368, *cerre* 2467; *s* pour *c: ses* 1533, *se* 505, *sel* 609, *sillier* 513, *saignent* 208, *sainz, sainture* 674, *arsons* 143, *sa* (= ça) 183, etc. La confusion entre *s* et *z: lez* 3522, *les* 3522; *ceulz* 202, *ceuls* 1732, 1668, 3299, etc. SS pour *s: ressonner* 2466, *ainssi* 273, 1870, 2286, etc. (*ainsi* 267, 1939, etc.); *desfensse* 1815. Ch pour *ss:* ca-chant 3404. Ç pour *ss: chaçoient* 217.

Des exemples de *l* orthographique: *crualté* 2869 (*cruauté* 2879); *oultre* 3129 (*outre* 3136); *malvais* 2227 (*mauvais* 3589); *ceulz* 202, 3001, etc. (*ceus* 152, 204); *oultrés* 3445, 3481.

W initial germanique se trouve dans *widié* 690, *werblee* 1212, *wault* 1337, *wardent* (S1), *wident* (W) 3291. La lettre *k* apparaît dans *sekeure* 1756, *eskievent* 3313 (mais *esquïent* 2014); *pikié* 3344 (mais *piquier* 2982); *keurent* 3680.

Dans *leüsmez* 1417, *voasmez* 1701, *eusmez* 1964, et *fusmes* 2881, nous avons le *s* analogique qui vient de la deuxième personne du pluriel.

Le copiste hésite entre *j'accorde* 528 et *je m'accort* 556. Il donne plusieurs variantes pour boyau: *bouel* 1991, 3090, *boiel* 3100, *bouelle* 1869, *boielle* 2453, et au pluriel *boiax* 1869.

L'influence ouvrante de *r* est visible dans *tarrax* 2526 (cf. *teral* 2600), et dans *dariere* 172. Le participe passé *sentu* se trouve au vers 594; le copiste transcrit *n* mouillé par *nn* dans *Charlemainnes* 2818.

Voici des graphies intéressantes dont nous n'avons pas encore fait mention: *grenus* 2258 (pour *crenus*); *ibenus* 401, *ybenus* 2196 (pour *ebenus*); *dertrier* 2972 (pour *destrier*). Au vers 1534 S1 écrit *drestriers* que nous avons emendé dans le texte. (Cf. le *r* inséré dans *triullees* 2158 et *fourdre* 2576.) *Seignirie* 2756, mais *seignorie* 1012 et *seignourie* 3809. *Temptes* 2850 (pour *tentes*); *vaist* (pour *vait*) 2343 — influencé par *vais*?

*Conclusion:* Le language de l'auteur ainsi que celui du copiste montrent des traits picards marqués.

### Versification

*Le Parfait du paon* est écrit en vers alexandrins et en laisses monorimées. Il y a relativement peu de vers où le mètre est incorrect; dans ceux où le compte syllabique est incorrect — circonstance due à l'inattention très fréquente du copiste *S1* — le manuscrit *W* fournit le plus souvent le mot qui manque. Il y a un nombre assez restreint d'hiatus: aux vers 80, 319, 410, 477, 515, 661, 679, 790, 1006, 1725, 2717, 2982, 3068, 3092, 3384, 3387, par exemple. Les enjambements ne semblent pas très fréquents: 332-33-34, 603-04, 767-68, 812-13, 875-76, 791-92, 1305-06, 1884-85, 2368-69, 2819-20, 3169-70, 3589-90, 3650-51, 3654-55, etc. Les rimes dérivatives sont à remarquer: *98* en *-é, 99* en *-ee; 113* en *-el, 114* en *-elle; 8* en *-ent, 9* en *-ente; 73* en *-ie, 74* en *-i; 101* en *-on, 102* en *-onne.* Une autre remarque s'impose: il est curieux de constater que la rime employée au dernier vers de chaque ballade est la même que l'auteur emploie pour toute la laisse suivante. Par exemple: le vers 1078 est le dernier vers de la ballade composé par Alexandre et se termine en *-oie.* Toute la laisse suivante (34) est en *-oie.* De même le vers 1132 en *-endre* et la laisse suivante en *-endre*, et ainsi de suite pour toutes les ballades. Nous avons trouvé dans l'*Histoire de la langue française cultivée*, par Alex François, le nom de *rime enchaînee*, i. e., celle qui s'enchaîne d'une strophe ou d'une partie de la strophe à l'autre.

### L'Etablissement du Texte

1. Le texte de base est celui du manuscrit *S1* (Oxford, Bodleian Library, Douce 165). Là où il a été nécessaire de suppléer des mots ou des vers qui manquent, ou de corriger des erreurs

évidentes, la version utilisée est celle du ms W (Paris, Bibliothèque Nationale, Fr. 12567).

2. Le compte syllabique a été corrigé là où il est manifestement incorrect dans les vers hypométriques, chaque correction étant indiquée ou suggérée dans les notes. Les vers hypermétriques sont commentés dans les notes et des corrections suggérées.

3. Les lettres et les mots ajoutés au texte de *S1* ont été placés entre crochets; dans chacun de ces cas, en général, la leçon de *S1* est donnée dans les variantes.

4. Les lettres et les mots exponctués dans les manuscrits sont mentionnés dans les notes.

5. Les recommandations de *La Société des anciens textes français* ont été généralement suivies en ce qui concerne la ponctuation et l'emploi des lettres majuscules. Voir M. Roques dans la Bibliographie. Le tréma n'est pas employé avec *ae, eo, io*, qui sont toujours en hiatus. Un tréma est placé sur *o* avec *e* accentué, comme dans *pöes*.

6. Les chiffres ont été copiés exactement comme ils apparaissent dans le manuscrit, qu'ils soient arabes ou romains. *C* a été placé à côté d'un autre chiffre au lieu d'au-dessus, comme il apparaît dans le manuscrit.

7. L'emploi moderne de *i, j,* et de *u, v* a été adopté sauf pour le futur et le conditionnel d'*avoir* et de *savoir;* dans ces formes le *v* a été gardé.

8. Les variantes de forme des démonstratifs n'ont pas été indiquées dans les variantes.

9. Les variantes au bas de la page sont celles de W, naturellement, et nous ne les avons pas fait précéder par le sigle W, sauf pour la première et dans les cas où une confusion pourrait se présenter; de même, le sigle *S1* a été employé quand il le fallait.

10. L'abréviation de nasalisation et le signe d'abréviation 9 ont été transcrits par la lettre *m* devant les bilabiales *b* et *p*, et par *n* devant les autres consonnes, puisque ceci semble être l'usage général de *S1* quand les mots sont écrits en toutes lettres. 9 par lui-même a été transcrit ou par *com* ou par *c'on* ou par *con* selon l'usage du copiste.

11. Les formes dialectales ont été omises dans les variantes.

12. Pour réduire le nombre des signes de ponctuation, les propositions introduites par *que* et *dont* ne sont pas mises en relief

par des virgules, à moins qu'elles ne soient jugées nécessaires pour éclaircir le sens. En général, aucun signe de ponctuation n'est employé devant *et* ou *si*.

13. L'abréviation *Alix* a été transcrite en toutes lettres avec un -*s* au nominatif singulier. Les autres noms propres dans la forme abrégée ont été transcrits sans cet -*s* au nominatif singulier.

Il serait impossible de conclure cette introduction sans remercier profondément M. le professeur Lawton P.-G. Peckham qui a eu l'extrême gentillesse de lire notre manuscrit avec son attention vigilante et coutumière. Nous espérons que cette édition — moins les erreurs qui sont attribuables à nous seul — est digne de lui.

# 1

    Seigneur, roy, prince et conte, chevalier et baron,
    Bourgois, chanoinne, prestre, gent de religion,
    Vous avez bien oÿ tous les Veus du paon
    Et les fais lesquiex fist Jaques de Loncguyon.
5  Or lessa il l'ouvrage et sans conclusion
    Car je crois de plus [faire] n'avoit dilection,
    Car [s'il l'eüst eü en memoration]
    Trop miex l'eüst ouvré qu'ainz autres ne vit on.
    Mes li sages nous dist et ainsi le trueve on
10 C'on lait maint bon ouvrage par mainte region
    Par defaute d'argent, car eschars sont li don.
    Et Brisebarre aprés, qui Diex face pardon,
    Y enta le Restor par sa discrecion.
    Ainsi firent cil doy mouvement et moilon,
15 Mes il en ont lessié le plus meillor coron
    Car cilz qui son plet lesse a la droite raison
    C'est cilz qui fet la cote et laist le chaperon.
    Et pour ce qu'a ceste œuvre ay cogitacion,
    Avec amor adjointe sans simulacion,
20 Vueil aprés le Restor mettre en audicion:
    Conment roys Alixandres, li et si compaignon,
    Quant il furent parti du chastel de Phezon
    Pour aler vers Babel ou resgne d'Aquilon,
    Il trouva Melidus, .j. prince de regnon,
25 Qui frere fu Clarvus et [oncles] a Porron

---

    **1.** 2. W. c.et.    2.1 W Dames et demisielles et petit enfanchon. 6. *S1* p.n.   7. *S1* si l'eust eu en conmemoracion.   15. i.vous o.l.l.p. majeur c.   21. A. il.   25. *S1* et neveus.

Et germain au Baudrain et au preu Marcion.
Aufage si tenoit et trestout le royon,
Mes une cité ot auques pres du Faron,
De Phezon .vj. journees pas plus n'i contoit on.
30 S'orrez conment il vindrent li roys et si baron
Et conment Melidus qui cuer ot de lyon
Et son fiex preus des preus — Buciforas ot non —
Assemblerent leurs gens par maintes nascion
Pour Alixandre mettre a dessolacion
35 Et por vengier la mort Clarvus le viel felon
Que vers Pheson occit Cassamus ou sablon
— Dont acorde avoit faite li roys, bien le scet on —.
Mes Melidus qui fu de fiere opinion,
Hardis et trop plus fiers de tygre ou de dragon,
40 Remanda puis Porrus en Ynde sa maison
Et Marcïen en Perse, en Baudres Cassion
Et il le secoururent; s'en firent mesprison
Car devenus estoient, par foy et par raison,
Honme au roy Alixandre par douce entencion,
45 Con vous avez oÿ es vers d'autre leçon.
Conment Porrus en fu mis a destrucion
Et li Soudans de Baudres a execucion
Et Marcïens de Perce, dont ne fu se mal non,
Betis et Gadifer, qui tenoient Pheson
50 Si con vous orrez toute la diffinicion
Car mon maistre de Lille, c'on apelle Symon,
M'a donné la matere et l'introducion;
Si le fais a s'onneur et a s'afection.

## 2

Li roys qui conquist Tyr, Adverse et Esclaudie,
55 Ynde et Terre Majour, Rochebrune et Ombrie,
Engleterre et Hollande, Calabre et Lombardie,

---

27. Aufanie t.le regne et l.r.   30. Oyes c.i.v.l. prinche e.li b.   33. A.lor gent p.mainte region.   36. Cui.   43. p.droit et.   50. S.que v.
53. le fache.
2. 55. Orbrie.

Brebant, Flandres et Gaule, Poitou et Normandie,
Aniou, Perche, Le Mainne, Amiens et Picardie,
Navarre, Espaigne et Frise, Boesme et Hermenie,
60 Castelle, Portugal, Aragon, Barbarie,
Gresce, Chypre, Garnade, Perce et Esclavonnie,
Tartare et Lupentaire, Babilonnie et Surie,
Rames et Josaphas et Chesaire et Roussie,
Ephezon et Defur et Case et Aumarie,
65 Et Baudres et Caldee et Ebron et Medie,
Et trestoute la terre qui desous l'air ombrie
Et qui se pot vanter en fait sanz vanterie
Sire de terre et d'air et de mer qui ondie,
Que qui fust Diex mondains appelez par maistrie
70 Mondainnement eüst toute la seignorie;
Ne faut que Babiloine avoir de sa partie.
Aprés toutes ces choses il roys chiere hardie
Se parti de Pheson, li et sa compaignie
Et chevaucha a force par val, par praiarie
75 Pour Babiloine prendre, qu'ailleurs n'a s'estudie.
Mes au .vj.$^{me}$ jour entre tierce et complie
Trouva en son chemin une cité bastie
Entre .ij. fortes yaues sus une roche antie,
Dure, forte, et agüe, noire com pois boulie,
80 Si haute que il semble que vers le ciel tournie.
.J. chastel ot dedenz qui la cité polie
Ou la chambre amoureuse estoit aproprïe
Et le palais Dyane la deesse proisie.
Li roys voit la cité, l'yaue et la praiarie;
85 Au destre lez est close d'unne yaue resongnie
Qui au plus estroit a de lé plus d'unne archie
— C'on apelle au pays le flun de Saternie —
D'autrepart le Faron a senestre costie.
Ainsi est a .ij. les fermee et bateillie
90 D'yaue, de murs, de roches et de fiere mesnie.

---

58. Avignon, Alemaigne. 60. Portingal, A., Gallorie. 63. W
64/63. 64. D.e. Tasse. 67. Et qu'il s.p.clamer en l'air s. 69. Et si
fu D. 70. M.en ot t. 73 P.il. 76. j.endroit t.ains c. 87.
Sabernie. 90. mur d.roche.

La voit on les cendaus, les pailles d'Angorie,
L'or, l'argent et les pierres, l'espice d'Orcanie,
Blés, avainnes, poiz, feves et toute bregerie,
Toute soie, tous dras et toute espicerie
95 Qui arivent au pié de la cit bateillie.
Quant li roys Alixandres ot la cité choisie
Moult li plot et grea et fu a s'estudie
Car ainques la pareil ne vit jor de sa vie
Si forte ne si grant ne si bien aaisie;
100 De vingnes et de boys de chascune partie,
De prez, d'yaue et de terres bien est amainnagie.
Lors apela li roys sa noble baronnie,
[Aymon le duc d'Arcade], Aristé chiere hardie,
Caulus et Perdicas ou li roys moult se fie;
105 Lyoine, Festion, Tholomer sanz boidie,
Dan Clin, Antigonus ou moult ot cortoisie;
Philote, Floridas, Licanor d'Anpalie;
Moult doucement leur fu s'entencion gehie.

### 3

"Seigneurs, dit Alixandres li frans roys des Grejois,
110 J'ai conquis mainte ville, maint palais maginois,
Mainte riche cité dont je sui clamé roys,
Mes oncques mes ne vi si tres forte a mon chois,
Si belle ne si bonne com voy sus ce rochois
Entre ces .ij. rivieres tenant de ces destrois;
115 S'aucuns la scet nonmer si m'en die la vois."
Lors dit .J. garson, "Sire, par le dieu des Gadrois,
Je congnois bien la ville, la terre et les herbois
Si congnois bien celui qui le tient en defoys
Car je fus en la ville .x. jours n'a pas .j. mois
120 Aprés ce que mort fu Clarvus li viex redois.
Cilz qui tient la cité, frans sire, que tu vois,

---

91. d'Aumarie.   97. a e.   103. *Si* Ayme le duc de Gadres, W c.lie.
**3.** 112. ne vit.   116. p. les diex u tu crois.   117. W 118/117; Si c.b.l.terre l.v.e.   120. q.f.m.   121. q.tint l.c.biau s.

Melidus a a non, frere Clarvus l'Yndois,
S'a .j. filz moult hardi, non a Buchiforois;
C'est oncles a Porrus et german au Baudrois
125 Et Marcïen de Perse qui tant par est cortois.
.IIIJ. filles y a en ce palais norois:
Sagremore a a non l'ainsnee demanois;
Deromadaire l'autre qui blanche est conme nois;
Preamuse la tierce qui veult tous esbanois,
130 Et Clarete est la quarte. Mes bien vous di ainçois
Qu'il n'est cuers si dolenz, si mas, ne si destrois
Et eüst ens u corps des plaiez .iiij. ou .iij.
Que s'il en veoit une, que tantost ses anois
Ne li fust anientiz, tant est gens lor conrois
135 Et leur biauté parfaite sus toutes sanz deffois
Et avec ce, cortoises, en trestous fiers, a drois."

### 4

"Sire, dist li varlés, par les diex de Caldee
Et par ceulz de Mesdie et de Gresce la lee,
Moult par est Melidus de proesce esprouvee.
140 Buchiforas son fiex, quant a la teste armee
Et l'escu a son col et ens u poing l'espee
Et il siet es arsons de la selle doree,
Plus joins est en ces armez qu'arondelle enpanee.
Ne parlez de Porrus, ne du Baudrain denree
145 Car se cil doy sont preu, cilz proesce a passee.
Mes tant vous di je bien, par les diex d'Aquilee,
Je li oÿ jurer en sa salle pavee
Ou chastiau de Melide dont vous veez l'entree,
Que s'il devoit aler main et jour et vespree
150 Jusques au pont d'argent ou outre en Gomorree,
S'ara il de vo corps son bon et sa ditee,
Et de ceus de Pheson, car a el riens ne bee.
Si vengera son oncle Clarvus barbe merlee

---

123. f.tres.   126. en cel.   132. e.en el c. de p.   133. q.trestous.   135 p.sour.   136. *W omet.*

Et ausinc pluseurs autres dont firent devïee.
155 Il a sa gent leans; .viij. jours a amassee
Pour aler de Pheson assir la tor quaree."
Quant Alixandres l'ot, s'a la teste levee,
Com humblez et com piex dist parolle senee:
"Amis, ne me querra en Tyr n'en Noroee
160 Car si me trouvera, bien est sa chose alee
Et je veu et pramet Venus et Dyanee,
Jupiter et Marcus que mes en ma duree
Ne partiray desi s'iert la cit conquestee."

### 5

Droit au destre costé de la plus grant riviere
165 Du flum de Saternie qui ert crueuse et fiere
Se loga li bons roys, il et sa gent guerriere.
Leurs paveillons tendirent contreval la riviere
Mes ce n'est pas si pres de la cité planiere
Qu'il vousissent car l'yaue les en met moult ariere.
170 Aymes li dus apelle li roys hardie chiere,
Dan Clin et Tholomer qui pas n'erent boisiere.
"Seigneurs, dist Alixandres, vous .iij. alez dariere
Celle haute cité qui siet sus la rochiere
Et gardez s'il y a sans yaue terre entiere
175 Ou logier me peüsse plus pres a la fontiere
Et gardez de tous lez devant et en costiere."
Aymes li dus respont, "Fet ert a bonne chiere."
Lors saillent es chevax — n'i quierent estriviere —
.X. chevaliers o eulz sans lance et sanz baniere
180 Mes chascun ot hauberc et hyaume de Baviere,
Clavain, targe ou escu et espee legiere.
Vers la cité chevauchent, qui est de bise piere

---

**4.** 154. Et les autres d.mout f. la d.    157. crolee.    159. n'en Gomoree.    160. C.chi m.trouvent b.e.la.
**5.** 165. q.est.    167. bruiere.    169. i.voisissent c.li aue l.e. metoit a.    170. Ayon le duc a.l.r.a. lie c.    173. Ceste.    174. Regardes.    176. et derriere.    177. a lie c.

Et ert faite et fondee du temps sa en ariere.
Tant y voient de murs, tours et tante quariere
185 Que moult s'en esbahirent la gent hardie et fiere.
"Seigneurs, dit Tholomer, en neisune maniere
Ne voy lieu ou nostre ost peüst logier entiere
Ne pour vivre venir, ne voy train ne chariere.
Bien veez que c'est voir; ralons nous en ariere."

### 6

190 Aymes li dus parla et dist, "En ce praiel
A la senestre main desous ce vert bosquel
Voy la proie garder, ce croi je, du chastel.
Or alons qui miex miex, talentiex et isnel,
S'en mener poïons des bestes le tropel;
195 Joie aroit Alixandres et li autre dansel."
Lors respondirent tuit, "Nous ferons vostre appel."
Aimes broches Ferrant et Tholomer Morel
Et Dan Clin le bausant qui cuert com arondel
Et li .x. chevalier y vont; moult leur est bel.
200 En petit d'eure acueillent la proie et le bestel;
Tout chacent devant eulz, brebis, vache et aignel.
Mes ceulz qui les gardoient esmurent le merel;
A crïer conmencierent et firent cri crüel
Tant que ceus de la ville en oïrent l'apel.
205 Buchiforas le vit qui seoit au quarel
E[t] Melidus son pere, si s'armerent isnel.
Chascun d'eulz vest l'auberc, prist hyaume bon et bel
Et saignt les espees dont tranchent le coutel.
Sus les destriers monterent, bruns, blanz, sors et fauvel
210 Et .iiij. .C. o eulz hardis com lyoncel
Du palais avalerent par le port Jupitel.

---

186. S. dist.
**6.** 190. en cel. 191. m.d'encoste cel b. 192. g.j.c. de cel c. 201. e.v.b.a. 203. nouvel. 205-06. W omet. 206. S1 Emelidus. 207. h.et clavel. 209. Chascuns monte el cheval brun, bauchant u f. 210. .IIIJ. mil sont en route h. 211. le porte jupriel.

Le flun de Saternie passerent a vessel
Puis montent es chevax quant viennent u vaussel.
Or guart Aymes li dus son corps — je n'i voi el, —
215 Tholomer et Dan Clin car il aront cembel.

7

A l'issue du flun parmi les vers praiaux
Ou nos Grejois chaçoient les bestes par tropiax
Brocha Buciforas qui fu granz et isniax
Et Melidus son pere qui ot gris les cheviax
220 Et si .iiij. .C. honmes hardis com lyonciax.
Quant Aymes les perçoit et Dan Clins li vassax,
D'ire et de mautalent fu chascun tains et chaux.
La proie ont deguerpie et brochent les chevax
Et brandissent les lances aux panons de cendax;
225 Entre Yndïens se fierent qu'il virent devant yax.
Aymes li dus, premiers qui fu preus et vassax
Fiert .J. Yndois ou cors si c'on voit les boyaus.
Tholomer fiert .J. autre qui estoit granz et haus
Si que son blanc viaire fu tous de sanc vermaus
230 Et Dan Clins fiert le tiers qu'en respant li cerviaus
Et chascun des .x. autres y fiert com naturaus;
Puis escrïerent, "Gadres!" l'enseigne emperïaus.
Buchiforas le voit, d'ireur fu tains et chaus;
Il broche le cheval des esperons royaus.
235 Vers le duc des Gadrois s'en va plus que les saus
Et li dus le revient qui bien scet faire assaus.
Des lances et des hyaumes, des corps et des chevax
S'entrehurterent si et par tex envïaus
Que cengles ne seurcengles ne selles ne poitraus
240 Ne les porent tenir ne souffrir leur travaus,
Ains chaïrent tout .ij. el milieu des terraus.

---

213. q. vinrent el vauciel.
**7.** 218. B.g.et fors et i.  220. Et sont iiij mil h. chescuns fiers et torriaus.  225. Es Y.  227. Si feri un Y.c'o. li vit.  228. q.fu preus et loyaus.  233. blaus.  234. doraus.  239. Q.cengle ne sourcengle ne sielle.  241. .ij. en.

## 8

    Quant li duy vassal orent justé si fierement
    Qu'en doy furent cheüs, chascun ot mautalent:
    Pour vengier leur hontage saillent sus erraument;
245 Chascun a trait le branc qui fu seingnié d'argent.
    Ja y eüst d'eulz .ij. grief chaple et dur tourment,
    Quant Melidus y vint et d'autres plus de cent
    Qui li lancent espiez et guivres laidement.
    Et cilz en qui il a proesce et hardement,
250 Courage de deffendre, vouloir d'aprochement,
    Sens de donner .J. cop et recouvrer souvent,
    Maniere de garder son corps faitissement
    Ains de li couvrir, parfait d'entendement,
    Se deffent si tres bel que tout conmunaument
255 Le resoignent et doubtent et craignent durement.
    D'autrepart Tholomer et Dan Clin ensement
    Sont renclos d'autrepart de l'yndoienne gent.
    En la cit de Melide qui seoit hautement,
    Ens el palays Dyane ou l'aigle d'or resplent,
260 Les filles Melidus seoient doucement
    A .iiij. des fenetres — la estoient au vent; —
    La veoient l'estour et le contenement.
    Pour les Gadrois prioient Marcus parfaitement
    Et dist li une a l'autre, "Par les diex d'Orïent,
265 Je voudroie qu'il fussent avec nous en present
    Car li Grejois sont preu et hardi durement
    Quant ainsi se deffendent aus nos si longuement.
    Venus est Alixandres veoir no mandement,
    No terre et no pays et no hebergement
270 S'arons, s'il plest Venus, de li l'acointement
    Car des bons cuers congnoistre ne pert on nullement.
    Car s'un pou nous fet guerre a ce conmencement

---

  **8.** 244. justement.    246. .ij. fier c.e.grief t.    248. l.espuis et g.plus de cent.    251. et recevoir.    254. t.bien.    257. r.en un parch d.    261. l.seoient.    262. tournoiement.    267. se deffent. 272. S.u.p.n.f.n.de g.a tel c.

De grant guerre grant pes ainssi avient souvent;
Marcus doint qu'il aviengne ainsi prochainnement."
275 "Amen, dïent les autres, par son conmandement."

### 9

Ainssi ont les pucelles lassus dit lor entente
Du riche roy des Griex qui tous biens represente.
Et Ainmes fu aval qui moult ot de tourmente,
Dan Clin et Tholomer et l'autre gent presente,
280 Mes trop mal lor ala car les .x. sans atente
Furent ocis u champ de la gent negligente.
Ne remaint que les .iij. ou force n'est pas lente
Mes hardemens parfaiz et vigueurs qui s'i ente
Et proesce planiere qui tient de bon cuer l'ente.
285 Mes pour noient metroie ma matere en attente;
Tant y ot d'Yndoiens que chascuns s'espoente.
Melidus appela Tholomer et dist, "Ren te,
Et a Aymon aussi ou morte est vo jouvente.
Ja n'arez mal o moy — Marcus ne le consente —
290 Se debonnairement faites plainne m'entente."
Li barons voient bien qu'il n'i a autre sente
Et que d'eschaper est a eulz la voie exente.
Chascun a Melidus rent s'espee et presente.

### 10

Ainssi prirent Aymon, Tholomer et Dan Clin
295 Li vassaus de Melide qu'ot non Buciforin,
Son pere Melidus et li autre Aquarin.
L'yaue passerent outre qui plus large est du Rin
Puis baillerent aus .iij. a chascun .J. roncin.
Dedenz Melide entrerent par la porte Jupin

---

**9.** 278. f.ou val.    282. N.remest.    285. W *omet.*    292. est li v.a. iaus e.

**10.** 298 .iij. c. .j. bon r.    299-300. W *omet ici ces vers; voir la note aux vers* 319.1-3.

300  Puis monterent en haut ens u palais marbrin.
     Encontre sont venu Yńdois et Salfadin
     Pour veoir les .iij. princes qui ne sont pas frarin.
     Descendus sont a pié quand sont hors du chemin.
     Ens u palays Dyane, qui pains estoit d'or fin,
305  Estendirent tapis du resgne alixandrin
     Tissu d'or et de soie et maint doré coissin.
     Desarmez ont les princes de haubers doublentin,
     De chauces et de coiffe, du hyaume et de bacin.
     Quant il furent remés ens es bliaus d'ermin
310  N'ot plus biaus chevaliers jusqu'a l'ile Caÿn.
     Aymes li dus parla au viellart Melidin
     Et dist, "Sire, or poez faire tout vo destin."
     Quant Melidus l'entent, si tient le chief enclin
     Et dist, "Sire, sachiez que ce juit matin
315  M'eüst on creanté que vous, en tel termin,
     Fussiez si par prison ennuit, mi troy voisin,
     Ne l'[eüsse] creü pour tout l'or Costentin.
     Or soiez bien venus, n'aiez duel ne engin
     Car nient plus que mes corps n'arez mal ne traïn."

## 11

320  "Seigneurs, bien veigniez vous, dist le roys Melidus,
     Et vous premierement, biau sire Emenidus
     Et Thoolmer aprés, Dan Clin li esleüs;
     Et gardez que ceenz nous ne rancunons plus
     Mes touz esbatemens, deduis, solas et jus
325  Car qui est avec dame coiement a repus;
     On doit parler d'amours et monstrer ces vertus.
     Qui est en la taverne boire doit au seurplus
     Et qui est au moustier Cupido ou Venus

---

307. p.des.   314. s.tint.   314. q.se ja iki m.   315. en cel.
316. p.p.anuit.   317. SI l'eussiez.   319.1-3. W Ainmes li dus s'en
entre par le porte jupin / Puis monterent en haut ens ou palais marbrin /
Bien furent venu li prisonnier meschin.
  **11.** 320. b.vigmes.   321. Plus de .C. mil fois b.s.Aymes li dus.
323. c.nus ne ramprosne p.   326. m.ses.

On doit s'oroison faire et dire ces salus.
330 Seigneurs, ainsi vous di je por nostre dieu Marcus
 Que chascuns soit ceenz de joie revestus,
 D'amor et d'amitié; mes quant on ert la jus
 Figurés en ces armes, la doit estre veüs
 Sa fierté, sa proesce, et soit mis ces escus
335 En tel lieu qu'il ne soit gabez ne confondus.
 Si que faitez, seigneur, por nostre dieu Marcus,
 Grant joie et grant solas; ici vous ai conclus,
 Fors que sanz plus vous di, foi que doy Nepturnus,
 Que vengiez ert mon frere, le riche roy Clarvus
340 Qui a esté occis du viellart Cassamus;
 Bien souffrir s'en deüst li roys macidonus."
 "Sire, respondi Aymes, moult estes esleüs."
 A ce mot sont assis sus les tapis tissus,
 Sus le mentastre vert et sus les jons menus.
345 Et .J. Grejois chevauche parmi les plains herbus
 Qui ot bien nos barons mettre en prison veüs;
 Alixandre trouva en sa tente o ces drus.
 "Sire, fet li varlés, damage t'est venus:
 Aymes et Tholomer et Dan Clin li membrus
350 Sont mené en prison a Melide lassus.
 Le bestail acueillirent, mes .iiij. .C. escus
 Leur vindrent au devant aus brans d'acier moulus
 Et a lances de sap a tranchans fers agus.
 Mes il sont sain et sauf, sanz mal et sanz argus
355 Et sont moult honoré de l'Yndois Melidus,
 Des pucelles aussi et de Buciforus."
 Quant Alixandres l'ot, sus ces piez sailli sus;
 D'ire et de mautalent est enbrasé com fus.
 "Seigneurs, dit Alixandres, je sui or bien perdus
360 Quant j'ay .iij. de mes princes sifaitement lassus,
 Mes par la foy que doy Dyane et Saturnus
 Je raverai les princes qui qu'en soit malotrus,

---

329. d.ses. 330. j.par. 332. a.et q. 333. e.ses. 334. m.ses. 336. W *omet*. 337. v.a. condus. 343. s.ces. 345. l.preis. 348. S.dist. 353. E.as l.d.s.as t. 359. S. dist A.o.s.j.b. confus. 360. pierdus. 362. J.reverrai.

Ou jamés n'isterrai des pors ne des palus."
"Sire, fet Aristez, ne soiez irascus
365 Puisqu'il sont o les dames, cascun ert bien venus.
Demain prenderons trivez se vo grez est meüs
S'irons veoir les princes et la cité lassus."
Ainssi c'est apaisiez Alixandres des Grus;
Et li .iij. princes sont aaise en joie et en jus.

## 12

370 El palais [de] Dyane a Melide el donjon
Fist Buciforas joie pour duc Emelidon.
Melidus Tholomer enmena et Cliton
En la chambre amoureuse ou de joie ot foison.
Mes vous n'oïstes oncques n'en fable n'en chançon
375 De telle chambre faire certainne mencion.
Sus .J. pillier seoit celle chambre a bandon
Seulement sanz avoir apoyal ne perron.
Le pilier estoit noble et de riche façon
Qui descendoit aval droit enmi le Faron;
380 De jaspe ert et de marbre, de cuivre et de laton.
La chambre compasserent par tel enging masson
Com vous orrez compter en petite saison.
Sus .J. autel d'yvoire furent a .J. coron
.IJ. trompeurs de fin or, riche, joli et bon.
385 Chascun tint une trompe qui valoit maint mangon
Qu'ades en toutes heures en chascune saison
Et par nuit et par jour trompoient a cler ton
Par si tres vrais acors et si gloriëx son
Que s'il fussent en vie, miex pas ne faisit on.
390 Et si tost qu'il trompoient l'eure en celle saison
Celle chambre amoureuse de quoy j'ai fet renon,
Conmençoit a torner en l'eure de randon

---

363. d.pres ne.   364. S. dist.   368. A.est a.
**12.** 370. W p.de D.   372. M.e.m.T.et.   376. Sur.   382. Que.   385. C.tient.   386. Adies e.t.h.et e. toute s.   387. n.p.jours.
388. Et.   389. ne feist.   392. a courner.

Et toupiot .iij. tours entour et environ
Et puis se rasseoit en son lieu par raison.

## 13

395 Moult fu faitice et noble celle chambre amoureuse,
Plaisant et delitant et melancolïeuse.
Moult fu faite d'ouvrier de scïence engingneuse
Ainz teste ne la fist qui ne fust soustilleuse.
La paroit n'estoit pas de pierre graveleuse
400 Ainz estoit d'alebastre plaisant et gratïeuse,
D'ibenus entaillié, moult par est merveilleuse;
Li lambroissis deseure est d'euvre scïenteuse.
Toute y estoit pourtraite la matere crueuse:
Conment roys Alixandres qui tient proesce espeuse
405 Se mist dedenz la mer pour œuvre perilleuse
En .J. tonnel de voirre — ce fu chose doubteuse! —
Et conment li grifon, par cause fameilleuse,
L'emporterent en l'air. L'œuvre fu soutilleuse
Et cilz ouvrages la fu bien fais a l'uiseuse
410 Car l'euvre y estoit mise si glorïeuse
C'on peüst tout dis dire c'est chose precïeuse.

## 14

Moult fu riche la chambre plus faite qu'a son droit
Le lambroissis dessus ceulz com j'ai dit estoit.
Et autour de la chambre desous en la paroit
415 La roÿne Dydo en figure y estoit
Et Eneas aussi, mais Dydo la monstroit
L'example en quel maniere pour li tuee estoit.
Et aprés fu Parris qui Elainne tenoit
Qu'en douce contenance l'un l'autre amor monstroit.
420 Encor y rot on fet, pas .xv. jours n'avoit,

---

**13.** 400. deliteuse. 401. m.estoit m. 403. Tout. 405. la m.par ? 406-08. W *omet.*
**14.** 413. Li cambrousis d.telz c. 418. Parise. 420. y ot.

Tout ainsi qu'Alixandres devant Fezon seoit
Et ainsi com Porrus le paon occioit.
Et ainsi com chascun a la table seoit
Et Cassamus premier qui le veu conmençoit
425 Et puis de renc en renc chascun son veu disoit;
Et puis com Gadifer le pris lor assignoit
Et puis com Aristez le paon despeçoit
Et puis conment Lyoine sa jouste acomplissoit
Et tous ceus qui voerent, .J. a .J. les monstroit
430 Et tout de chief en chief quanqu'esté y avoit.
Et si ne pensez pas que de painture soit,
Ainz sont d'or fin d'Arabe grant et plenier et droit,
Si bien faiz et ouvrez que cuer miex ne porroit
Car qui dedens la chambre oncques esté n'auroit,
435 La table et ces d'entor au voir salueroit
Et se trairoit ensus, qu'aprouchier n'oseroit.
Tout cuide que vif soient chilz qui premier les voit
Et diroit, "Taisiez vous, cilz sires parler doit,"
Tant faisoit laiens noble que nulz ne le croiroit.
440 Et aus .iiij. cornés de la chambre ravoit
Deesses, ou premier Venus et Mars seoit;
Ou secont, Cupido qui Dyane tenoit.
Jupiter et Saturne le tiers anglet avoit
Et li dieu de nature qui les autres porvoit,
445 Cilz seoit ou .iiij.$^{me}$; le firmament portoit:
Ciel, gens, terre, air et yaue, si com cree l'avoit.
Telle fu celle chambre et de plus noble endroit
Que cuers considerer en monstrer ne porroit.

### 15

En la chambre amoureuse dont dit vous ai l'ouvrage
450 Entrerent li .iij. princes ou tant ot vasselage,
Melidus et son fiex et autres de parage;
Les .iiij. damoyselles truevent en leur estage.

---

429. q.joustere.   431. p.mie q.   437. T. quident.   349. creoit.
440. Et a.   443. tenoit.   445. Chiex.   448. W *omet.*

Quant les Grejois perçurent chascune sanz folage
Leur monstra reverence d'anclin et de langage
455 De maniere et de fait que chascune estoit sage,
Cleres, rians et droites, a douz vermeil visage.
Se je vouloie dire le bel de leur corsage
Jamés fin n'en feroie — belles sont a outrage.
Dromadaire prist Ayme le [riche] duc [d'Arcade],
460 Preamuse Cliton qui est de haut lingnage,
Clarete Tholomer qui tient l'isle marage.
Sus .J. tapis de soie ouvré d'or de Cartage
A pierres precïeuses mainte beste sauvage,
Sont li .iij. aus .iij. dames a moult joli courage.
465 Mes Sagremore dit, "J'ay paié mal treuage
A Venus la deesse dont je me descourage.
J'ay failli a ami; Venus a fait outrage.
En vous ne remaint pas, seigneurs, que je n'esrage
Ou muire de meschief; mes moult me rasouage
470 Douz espoir savoureus dont je fas mon message."
Quant li Grejois l'oÿrent, s'an rïent conme sage.
"Dame, font li .iij. prince, n'aiez au cuer malage
Car amy vous querrons de moult hautain parage.
Or soiez de nous, dame, et maintenez l'ostage."

### 16

475 "Seigneurs, dit Sagremore, qui bien savoit resgnier,
A vous m'en atens dont et a Venus premier,
Mes nulz ne doit ceenz entrer ne atargier
S'il ne veult contre moy argüer et plaidier
D'amour, d'espoir, d'avis, de loyal desirrier.
480 Vous, sire Emenidon, il vous faut conmencier."
"Dame, fet li frans dus, je ne m'en say aidier,

---

**15.** 455. f. car.   456. Clere r.e.droite de.   459. *S1* A. le duc de Cartage, *W* Aimes p.Dormadaire li riches dus d'Arcade.   460. parage.   461. mainage.   462. Sur.   465. S. dist.   468. r.mie.   469. O.mire.   471. o.si risent sans hontage.   474. O.songnies d.n. dames.
**16.** 475. S.dist.   480. s.Aymes li dus.   481. D.respont li d.

Non pourquant respondray selonc mon fol cuidier;
Moisement me ferroie en ·J. estor plenier
S'une dame n'osoie respondre et plaidoier."
485 "C'est bien dit, dit la dame. Or vous vueil je prïer,
Foy que devez amor et d'armes le mestier,
Liquiex sent plus de mal en l'amoureus dangier,
Ou amie ou amans, a verité jugier?"
"Dame, ce respont Aymes, ce sai je de legier.
490 Contre ·J. grief d'unne amie, amans en a millier
Et ce puis je prouver se j'ains de cuer entier
Amie gente et pure ou il n'a qu'enseingnier.
Et sa douce merci en prïant li requier
Par desir qui m'enmeut, qui me fet varïer,
495 Par penser qui m'i mainne, par vouloir d'aprochier,
Par plaisance jolie, par espoir droiturier,
Par douce souffisance et par loyal prïer,
Par ·J. parler naissant de vrai cuer non lentier
Arousé d'un souspir qui le cuer fet baignier
500 En volenté couverte d'amoureus solagier.
Et quant pourveüs sui de ce qu'oiez noncier
Et dame me regarde et ot mes mos conter
Et mes biens et mes maus tout a plain deviser
Et quant regardé m'a et devant et darrier,
505 Bien cuide avoir merci. Mes se sont fol quidier
Car paour li fet naistre cremeur avec dangier
Couvert d'un dur refus; et quant je sanz lancier
De sa bouche vermeille ces mos et deslïer,
Il m'est vis c'on me viengne d'un dart au cuer lancier.
510 Lors sui pris et espris et ars sanz refroidier
Et ay ·J. feu u corps qu'yaue ne puet purgier.
Ainsi sui en tel point que ne me sai aidier,
Parler ne remouvoir, regarder ne sillier,
Chanter, plorer, mourir, relever n'acouchier,

---

485. d.dist la.   488. O. amans o.amie.   489. D.respondi A.   490. g.c'a a.   493. m.enplant.   494. e.et m.   495. q.m'amainne volonte d.   498. P.vrai desir n.   502. ditier.   503. m.m.a p.depulier.   504. q.regart ma dame.   506. C.pour.   508. D.la b.v.tels m.e.deslachier.   511. J'ai ·J. f. u c. qui.   512. en cel.   514. r.ne couchier.

515 Tourmenter ne esbatre, jouer ne solacier;
Ne ne say en quel lieu je me puisse avoier.
Ainsi poez veïr sanz mençonge trouver
Qu'il convient tous tormens en amant hebergier.
Mes vous ne vous poez irer ne soucïer
520 Car se vo gré estoit a merci otroier
Vous en vouriez le don et l'otroy affïer,
Mes vous faites languir amans en vo dangier.
Amours en fet dedenz d'un dart le cuer plaier
Et dame est medecine pour la plaie purgier;
525 Ainsi a vo plaisir poez amant paier."
"Sire, dit la pucelle, pas n'avez cuer lanier;
Bien savez vostre argu a raison apoier."

### 17.

"Sire, dit Sagremore, par les diex de Medie,
Qui croire vous voudroit, la sentence ert fenie;
530 Vous en ariez l'onneur, mes il ne me plest mie.
Bien mousterai raison: je preng que soie amie
A .J. amant loyal qui oncques en sa vie
Ne me pria d'amer, ne de sa drüerie,
Ne point ne se congnoist qu'a li soie baillie.
535 Et us de dame est tel — et droiture l'afie —
Que premier pas ne rueve, ainz faut qu'amans l'en prie.
Et quant cilz ne sara conment sui mesaisie
Pour li amer si fort qu'a riens el n'estudie,
Ditez, que devenrai je ou serai avoiie?
540 M'aist Diex, il n'afiert pas, sire, que je li die
Qu'il me [doinse] s'amour et que je sui s'amie.
Chose desnaturee seroit et avillie
Se dame donnoit don ainçois que fust proiie.
Lors est doleur en moy entree et hebergie,

---

517. aplikier.   521. le droit.   523. A.le f. d'un d.dedens le.
526. S.dist p.n'as le c.
**17.** 528. S.dist.   533. de ma d.   535. E.uns.   536. a.fait
q.a.l'empie.   538. P.lui a.s.f.car a el.   540. Me diex.   541. *Sl*
m.doint.

545  Tous tormens, tous meschiez, tous griez, toute hachie.
    Je ne say que je face ne ne sai que je die
    [Car caude volentés est enuis refroidie.]
    S'en me requiert merci, sai je d'autre partie
    Paour que ma merci ne soit mal emploiie
550 Car cremeur le deffent et paor le detrie.
    Et par ceste raison vous monstre et certifie
    Que dame a en amant plus tourment et hachie
    Mil temps que n'ait amans. Ma raison est noncie."

### 18

    "Dame, dist li dus Ainmes, or n'oï je oncques mais
555 Si vraiement parler d'amour ne de ces fais
    Et je m'accort a vous car vos argus est vrais."
    "Sire, dist Sagremore dont li regards fu gais,
    Sauve la vostre grace, mes ainsi est vo fais.
    Or avant, Tholomer, soiez d'argüer prais!
560 Par la foy que devez Venus et Herculais,
    Qui vault miex a l'amant pour vivre liez et gais,
    Ou otroi de merci au premier desir fais
    Ou espoir de l'avoir? Dites moy sanz relais."
    "Dame, dist Tholomer, trop lons n'est pas cilz plais,
565 Qu'iroie querre a Ronme quant Saint Pere est pres.
    Plus cher merci aroie que mil espoirs si fais
    S'a pou de painne l'ay, tant est mendre li fais.
    Ne vault pas miex li maistres que ne fet li varlés?
    Espoirs n'est que descors dont mercis est la pais.
570 De merci est chascun faiz en joie et parfais,
    Ne nulz ne scet qu'il a qu'a merci est atrais.
    Il en est de dangier et de paor retrais
    Et de joie parfaite revestus et portrais.
    Et pour ce vous di je ma raison a lons trais

---

547. *Voir les notes.*   552. W en amour.   553. r.ai.
**18.** 555. de ses.   556. c.vo juges e.   557. r.est.   558. e.vo.
560. Marcules.   561. Que.   563. delais.   564. p.ci   p.   566.
c.espoir a.q.nu merchis s.   567. d.p.avoir.   569. E.est li d.   573.
refais.   574. lon t.

575 Que jamés pensers n'ert en autre cause trais,
    Ne cest opinion ne changerai jamés."
    "Sire, fet Melidus, et roys Buciforais
    Et toutes les pucelles, vos parlers est parfais;
    Bien doit avoir merci qui la loe en ces fais."

## 19

580 Quant Tholomer ot dit et finé son argu,
    Sagremore a parlé a son cuer esmeü
    Et dist, "J'acorde bien que mercis a vertu
    Mes ce qu'amans acquiert de leger sanz treü
    Ne fet pas tant de bien, ne pas n'a tant valu,
585 Que le bien ou on a longue piece tendu.
    Le bien qu'en a a painne et a desir creü
    Profite plus au cuer quant s'en sent revestu
    Que s'on l'en donnoit mil au premier cop meü.
    Dont cilz qui a espoir en son cuer contenu
590 Vit en parfaite joie car il a cuer peü
    De souvenir qui paint desir en son escu,
    Penser, plaisance, avis, dont il aroit cuer nu
    S'au premier coup avoit de merci le deü
    Car cilz qui ainz n'ama, oncques bien n'ot sentu;
595 Car dous fet savourer le penser esleü
    Qui vient de dous espoir qui l'amant tient peü.
    Espoir fet gouster joie et esperer deü,
    Espoir est congnoissance d'amoureuse vertu,
    Espoir est atrempance pour atremper chaut fu,
600 Espoir est la plaisance qui vault et a valu,
    Espoir est souffisance qui est, sera, et fu,
    Espoir est la mesure du droit chemin tenu,
    Espoir est li confors duquel sont maintenu
    Amant en touz deduis fourmé et parcreü
605 Dont vault miex li espoirs; ce croi je et ay creü."

---

578. Entre t.p.
**19.** 583. creu.   586. painnes.   591. p.deseure e.   596. *Sl* t.a p.   597. esperet.

## 20

"Dame, dist Tholomer, vous savez bien parler
D'amours et tresparfont respondre et argüer."
"Sire, dist Sagremore, sauf le vostre parler
Mes sel autre seigneur ne lairai pas ester.
610 Dan Clin, dist la pucelle, or vous convient jurer.
Foy que devez les diex de bataille et de mer,
Que sont les .iij. vertus qui font plus savourer
Amans de toute joie ens u mestier d'amer
Et par quoy il se puet d'estre amant miex vanter?"
615 Et Dan Clin li respont doucement sanz muser,
"Dame, bien les sarai en brief terme nonmer:
Secré, biauté, richesce — ces .iij. vueil approuver
Excellente des autres, car cilz qui veult celer
L'amour qu'il a a dame sanz ailleurs reveler
620 Par quoy li mesdisant qui ne font que blasmer
Les amans ne le sachent, celers fet bel ouvrer.
Celer garde de blasme dame et la veult tenser;
Secrez covertement le fait continüer
Ne cilz qui n'est secrez n'a loy de dame amer.
625 Et s'avec le secré sui biau pour biax passer,
Noblez faitis et joins et de dous figurer,
La vertus de biauté me puet moult amonter:
Biauté fet cuers esprendre, ardoir et alumer,
Biauté fet d'un desir le dame enamourer,
630 Biauté e[s]t li portiers pour merci deffermer,
Biauté est mesagers d'amor en cuer entrer.
Et s'avec ces .ij. poinz me puis riche clamer
D'avoir de manantie et de terre a garder,
Il n'est nulz qui me vueille lors merci refuser.
635 Richese fet merci acquerre par donner,
Richese a l'amant fait la dame avolenter,
Richese fet tollir, richese fet donner,

---

**20.** 610. irer.   612. Qui.   613. A.en.   614. e.ames plus v.
618. Excellens plus d.   622. Celers.   623. Se tres c.l. vœlt.   628.
arguer.   630. Sl B.et.

Richese fet enprendre, richese fet finer,
Richese fet resourdre, richese fet tüer,
640 Richese acquiert loenge par donz abandonner.
Ainssi est bien venus qui richese a a per
Si que ces .iij. vertus puis bien amesurer
Les plus poissans des autres a verité monstrer.
Secré, biauté, richese — bien les os repeter —
645 Ne je croy c'ons el monde ne les porroit fausser,
Ne encontre argüer, alleguier, n'estriver."
"Sire, dist Sagremore, vous savez bien loer
Vos raisons et polir et a point atremper,
Mes sauve vostre grasce, g'i say a amender."

### 21

650 "Sire, dist Sagremore, je vous jur et affi
Que ces .iij. n'ont puissance en amoureus otri.
A quoy faire prendrai je secré par devers mi
Qui sui bonne et loyaus et vraie vers ami?
Et il est vrai vers moy sanz fausseté aussi
655 Puis qu'en nostre amour n'a visce ne vilain si,
A que faire prendrai je secré, je vous en pri?
Ainz serai toute lue quant j'orrai dire oÿ.
Certez, vez la .ij. gens de dous maintien joli
Et qui ainment l'un l'autre; moult ont deduit ouni.
660 Ainssi nous priseroient celle gent que je di,
Mes se il avenoit qu'abandonee a li
Fusse et que son vouloir feïst tout plain de mi,
Adont fairroit secré venir et sanz detri
Pour couvrir le diffame qui nous aroit saisi.
665 Mes ainz ou fet d'onour secré riens ne vali
Et d'autrepart biautez que vous me loez si
Monstrer vous vueil conment ne vault .J. parisi."

---

654. Jou c.que hons del.   646. N'e. cest argu a.
21. 656. A quoy.   665. M.ou secre d'amours secre r.n'i v.   667.
n.vallent.

## 22

    "Sire, dist la pucelle qui fu sage et seüre,
    S'ensuit il, se vous estez de si belle faiture,
670  Que de biauté passez la riulle de mesure,
    Qu'a vous amer mes cuers s'ajoingne et amesure?
    Nanil, sire, par Dieu, ce seroit desmesure
    Car en biauté parant a fausse couverture.
    Li biaus non bons est sainz de desroute sainture
675  Et amours est loyaus et maintient bien droiture.
    S'uns homs est li plus lais c'onques fourmast nature
    Et amour en mon cuer de li amer meüre,
    Si sera mauvitié tantost pour li meüre.
    Biautez n'a avantage, sustance, ne pouture
680  Ainz a mains que li lais de douce noreture.
    Et se vous estez riches de rapine ou d'usure,
    De terres ou de fiez par aucunne aventure
    Et je sui povre dame de petite estature,
    S'ensuivra il pour ce, s'avoir avez en cure,
685  Que je m'amour vous doinse? Nanil, je n'en ay cure!
    Amours ne pensse point a richese l'ordure,
    A avoir n'a chatel n'a autre compresure.
    Ainz atrempe ces gens et les met en presure
    Et fait donner merci de dame nette et pure
690  A amant net et bon widié de mespresure
    Si qu'avoir en ce cas merci point ne procure.
    Dont secrez et biautez et richesce la dure
    N'ont point grace d'amor, ainz la truevent oscure
    Et c'est drois quant folie ainssi les desnature
695  Et telles gent amours ne veult point prendre en cure.
    Ce sont li faus priant disant qu'amours est sure
    Et mes cuers vous affie, cher sire, et asseüre
    Sus Mars et sus Dyane et sus Venus vous jure,
    Que ce que vous ai dit ne tieng pas d'escripture,

---

**22.** 669. si noble.    675. et b.m.    682. terre o.d.fief.    684. s'amours a.    686. r.d'o.    690. A l'a.    691. c.c.amours.    695. E.celle.    696. siue.    698. Mur M.e.sur D.e.sur.

700 Ainz l'ay du sentiment d'amours qui bons espure,
   Car j'ay eü la plaie qu'envis garist et cure.
   Et quant plaira Venus j'aray double pasture
   De la grace amoureuse ou loyaus cuers pasture;
   Ainsi ay definé l'argu et l'encloeure."
705 Quant li Grejois l'entendent, n'a celui qui ne jure
   Qu'ains si ataingnanment n'oïrent sanz injure
   Argüer de la douce amoureuse jonture.
   "Seigneurs, dit Sagremore, que j'ay la portraiture
   De sentement en moy qui y durra et dure."

## 23

710 Moult furent lié li Griu et en parfaite joie;
   Li argu sont finé, chascuns forment s'esjoie.
   La sot amours jouer si de boute-en-couroie
   Qu'elle fist .iiij. [amies]; pour quoi le celeroie?
   Sanz plus a .iij. amis; mal partie est la voie.
715 Sagremore regarde et enprunte et coloie
   En regardant Aymon ou hardement s'aloie.
   Ne scet pas s'il est siens, mes elle est toute soie.
   Deromadaire aussi qui le tient par la doie,
   L'ayme si aygrement que dire nel porroie;
720 Ainssi vont les .ij. seurs toute par une voie.
   La a Emenidus recouvré bonne proie;
   D'autrepart Preamuse Tholomer esbanoie
   Et sont andoy espris, pour quoi le celeroie?
   Et Clarete a Dan Clin tout cuer et corps otroie
725 En pensant en son cuer, car pas ne le desloie,
   Mes aus .ij. seurs ainsnees moult durement anoie.
   Chascune a jalousie qui forment les cuivroie
   Mes la n'en font semblant, ne tence, n'estutoie.
   Atant se lievent sus sur le jonc qui verdoie

---

700. q.tous.   701. qu'amours.   704. d.a.e.enclosure.   705. e.n'i a cel q.   707. la bouche a.pointure.   708. S.car j.
**23.** 713. W amies, S1 amis.   715. et empraint.   721. a Aymes li dus.   726. aroie.   727. f.le.   728. estudoie.

730  Et passent par la chambre sus les tapis de soie
Et regardent la chambre clere, plaisant et coie;
Ainz ne virent si belle, chascun s'i estudoie.
Ainssi qu'il demenoient la dedenz telle joie,
Atant ez .J. mesage qu'Alixandres envoie
735  Parler a Melidus qui la cité maistroie.

## 24

En la chambre amoureuse entra li mesagiers;
Emelidon salue et les autres princiers,
Puis saisi Melidus et li dist, "Sire chiers,
Alixandres vous mande, li fors roys droituriers,
740  Que demain soit ouverte la porte et li clochiers.
Loyaus trivez vous donne sanz faire faus traitiers,
Si venra ci veïr ceus qu'avez prisonniers
Et si penrez conseil tel qui vous iert mestiers
De trives ou d'amours, de pes ou de tempiers;
745  Buchiforas en prie et tous vos chevaliers."
"Frere, fet Melidus, fait sera volentiers,
Que bien soit il venus veïr mes heritiers;
Viengne, ouvers li sera mon grant palais pleniers."
"Sire, fet li varlés, ci faut bien merciers.
750  Il venra dont demain o .vi. de ces princiers."
Lors dist Emelidus li vassax soudoiers,
"Sire, vous n'estes pas en fossez n'en celiers,
Ainz ne vi si bel estre ne temples ne moustiers."
"Frere, respondi Aymes, par les diex des herbiers,
755  Ainques ne fu si ayses, selon le mien cuidiers.
Di bien a Alixandre qu'amours et dous priers,
Penser, biautés, franchise, espoirs et desirriers
Maingnent avecques nous; c'est trestous nos mestiers.
Clarez vins ne nous faut, pyment, chars ne daintiers."

---

730. c.sour  731. W *omet* la chambre.
**24.** 737. Aymon le duc.  743. s.prendes c.t.qu'il v.est.  744. d'encombriers.  745. p.a t.  746. F.dist M.f.vous iert v.  749. S.dist.  750. d.d.a.  751. Dont d. Aymes li dus.  756. W *omet* qu'.

760 "Sire, fet li varlés, douz est li alïers;
Je m'en revois arrier avaler les rochiers."
Adont a pris congié li varlés escuiers.

### 25

Li més revint au tref, sa nouvelle conta
Au bon roy Alixandre qui s'en esleessa.
765 Il et li autre prince chascun l'en demanda;
Li messagiers leur dist tout ce qu'il y trouva.
Et il roys de Melide, Melidus, appella
Messagiers, et en Ynde Porrus querre envoia,
Et dist qu'il le sequeure a tout l'esfort qu'il a
770 Car li roys Alixandres sa cité assise a
Et si devint ses hons a Phezon par dela
Que l'onmage li rende de quanqu'il li donna.
Li messagiers s'em part; dist que bien le dira.
Et aprez ce en Baudrez le Baudrain remanda,
775 Tout aussi qu'a Porrus ses lettres li nonça;
A Marcion aprés en Perse renvoia.
Li messagier s'em partent; cascuns moult s'esploita.
Li premiers messagiers vers Ynde chemina.
Par une Penthecouste que on sacrefia
780 Trouva Porrus a Lugres ou riche cité a.
Li més li tent ses lettres et Porrus les quassa.
Quant veü a le fait, tous li sans li mua;
Lors pense et contrepense, vise et estudia
Comment au roy des Griex ja descorde fera;
785 Qu'encor n'a pas trois mois qu'il a li s'acorda
Et Fezonne la belle a moullier li donna.
Se si tost le guerpist, grant fausseté fera
Et aprés ce .i. petit au cuer li remembra
De la mort de son pere que Cassamus tua;
790 Mes il repensse aprés que il s'en apaisa.

---

**25.** 763. m.revient.  766. c.que il t.  768. M.a P.en Y.renvoia.
769. d.qui l'e. a t.les sekeure a t.le fort.  773. s'en tourne d.q.b.li d.
775. que P.  776. A Mercijen e.P.a. il r.  777. m.e.  784. G.la
d.  788. Et *manque dans* W.

Mes aprés il s'avise que li rois brisié a
Le pais quant il son oncle Melidus assis a
Et s'il ne li aïde, faus et mauvais sera.
Adont dist au message, "Amis, ne doubte ja
795 Car g'irai temprement." Adont sa gent manda;
Bien qu'a pié, qu'a cheval, plus de .xx. .M. en a
Chascuns fu bien armés si qu'a li agrea.
Quant Porrus ot ce fait, vers Melide s'en va
Et li autres messages qu'a Baudres s'en ala,
800 Le Baudrain Cassïel a Chezaire trouva.
Cils li dist ces nouvelles et nient ne li cella.
Enssement que Porrus, li Baudrains moult pensa
Mes aprés son penser a l'aler s'acorda;
.XX. .M. chevaliers quant il parti mena.
805 Et li tiers messagiers quant vers Perse brocha
Au chastel de Destour Marcïen acointa;
Sa lettre et ses escrips si qu'as autres bailla.
Quant Marcïens le sot, a poi qu'il ne derva;
Ce fu cils de la guerre a qui le plus pesa.
810 Lors pense et contrepense en son cuer s'il ira;
L'une fois dist nennil, l'autre fois se fera.
Toutes fois il acorde que moienner vorra
Le pais s'il le peut faire, grant joie en avera.
Aprés si s'em parti; .x. .M. honmes guia.

## 26

815 Ainssi vient Marcïens, Porrus et li Baudrains.
Bien .L. .M. honmes ont cil troi entre mains,
Mais de Porrus vaurrai parler tous premerains
Qui chevauchoit a force et par mons et par plains
Tant qu'il vint a Phezon si qu'il estoit serains;

---

791. Et a.   793. E.se il n.l.aide.   794. ne doutés.   796. en y mena.   798. P.a c.   799. qu'en B.   801. n.noient ne.   804. q.s'en p.   805. m.qui v:   806. encontra.   807. Ses lettres.   809. f.chil d.l.g.a q.p.en p.   811. l'a.f.dist si fra.   812. Toute vois.   814. A.ce.
**26.** 815. A vint.

820 Des chevaus descendirent, des muls et des poulains.
Moult par fu esbahis cascuns de Phesonains
Que tant de jens veoient a lanches et clavains;
Cuidoient que ce fust li roys malchidonains.
Mais uns vallés monta ou palais qui fu pains;
825 Trouvés fu Gadifers, Betis et Ydorains.
"Sire, dist li vallés, par le dieu des Caldains,
Porrus vous vient veoir, vos serourges certains."
Quant il ont entendu si keurent qui pot ains,
Et Porrus de monter ou palais ne s'est fains.
830 Forment fu acolés, baisiés par dous atains,
Adont fu desarmés si fu ses brans deschains.
"Sire, font li doi frere, [par] nos dix souverains,
Qui vous amainne ci; estez vous point grevains?"
"Seigneur, ce dist Porrus, .j. fais durs et vilains
835 Car la pais a brisié li fors roys tresmontains.
Lors leur compte le fait; bien fu par li attains.
Quant Gadifer l'entent s'en est tristes et vains.
Betis et Ydorus en font souspirs et plains
Car il penserent bien et est cascuns certains
840 Qu'a mal ira la chose ains que li ans soit plains
Car feu qui renflame est a malaise estains.

### 27

Cil de Phezon estoient moult forment couroucié;
Moult ont la nuit pensé, parlé et conseillié.
Gadifer et Betis ont ensamble regnié
845 Lequel il aideront ou Porrus l'enforcié
Ou le roy Alixandre qui tout a esligié.
"Ne sa, ce dist Betis, j'en ai cuer marvoié.
Se nous aidons le roy mar serons enseignié;
No serourge lairiens a tort et a pechié.

---

821. c.des.   822. v.as l.a c.   825. Trouvé a G.   826. p.les diex.   832. S1 f.pour n.   835. r.des montains.   836. f.p.l.f.b.a.
837. s'en fu.

**27.** 846.—eslegié.   847. N.sai c.d.B.j.e.c.esmaié.   848. r.mal.

850 Miex vault que nous aidons Porrus au corps proisié
   Pour ce qu'il a no suer Phesonne au cuer haitié."
   "Voire, dist Gadifer, mes li roys a cachié
   Et tué ceuls qui orent no chité assegié
   Et a aucuns nous a par sa grace appaisié;
855 Et si nous a donné moult du scien de cuer lié
   Et si sonmes si honme juré et fianchié;
   Ja ne faurrai au roy qui que s'en ait plaidié.
   Mes pour ce qu'aions mix le fait approprïé
   Avec Porrus irés, le prince ressoignié,
860 Si li ferés aïde de foy et d'amistié
   Avecques ·x. mille honmes de cheval et de pié;
   Et o moy en verront .x. .M. haubregié
   Par devers Alixandre et li arai aidié.
   Et enssi ferons nous a chascun boin marchié
865 Et servirons a gré chascun prinche proisié,
   Et se Dieu plaist a pais se seront alïé,
   Et quant nous nous verrons en l'entour enforcié
   Esquive me et je vous, n'i voi millour marchié."
   [Et respondi Betis, "Tout che vous otroi gié."]

### 28

870 Ainssi ont li doi frere acordé ceste affaire.
   L'endemain mouveront ains que li aube esclaire.
   Moult furent apresté destrier et dromadaire;
   Chevaus font enseller et armeüres traire,
   Li uns pour Alixandre, li autres au contraire.
875 Le restour du paon qu'Edea fist d'or faire
   Emporteront, ce dïent, pour donner examplaire.
   En .i. coffre fu mis par dedens un aumaire;
   Gadiffer l'emporta, Betis n'en ot que faire.
   Or vous lairai de ceuls, si vous vaurrai retraire
880 Du vaillant Alixandre le roy qui conquist Daire,

---

849. s.lairons.   854. E.aucuns de n. a p.   857. r.qui qui en.
858. qu'arons.   862. en venront.   863. A.se.   869. *Sl omet.*
**28.** 873. et armeure.   880. D.vaillandie l.

Surie et Hermeni, Tartare et Lupendaire,
Ynde et Terre Majour et Baudres et Cesaire,
Et de ceuls de Melide qui ne siet pas en aire
Ains siet plus haut qu'uns ars ne porroit .iii. fois traire.
885 La fu Emelidus qui fu niés Lucidaire,
Tholomers et Dan Clins ou hardemens s'apaire,
Saigremoire et Clarete avœc Deromadaire,
Preamuse la quarte qui moult ert blonde et vaire.
De jus et de reviaus chascuns s'esbat et maire;
890 Ainssi la nuit passerent sans dolour et sans haire
Jusques a l'endemain qu'au roy dez Griex volt plaire
D'aler veoir la ville qui ne doit pas desplaire.
Aristés et Caulus, Floridas, sans mesfaire,
Lyonne, Festion et Philote d'Aquaire,
895 Mena li roys o li qui ot cuer deboinaire.

## 29

Alixandres chevauche et si per seulement;
Le flun de Salternie passerent erraument
Et pour monter la roche chascuns a pié deschent.
La premiere porte ont passé isnelement,
900 La seconde et la tierce; moult regardent souvent
Les murs et les fortresces et le fier mandement
Quar trois paires de murs i sont serreement;
Puis vont vers le chastel qui haut et loing s'estent.
Voient les tours de marbre et les pumiax d'argent,
905 Les noblez couverturez ouvrees richement
Des sales et des chambres et de l'abitement.
Li chastiaus et li lieus contre [soleil] resplent.
"Seigneurs, dist Alixandres, par les dix d'Orïent,
N'a si noble cité jusqu'a l'arbre qui fent,
910 Si forte ne si fiere ne tel maçonnement."
Lors a la court entrerent du palais erraument;

---

883. en l'a.   884. ne puist a .iii.   887. W *omet* et.   889. et d'enviaus.
**29.** 901. et les breteskes.   907. *S1* soilel.   911. L.entrent en la tour d.

Les chevax establerent li garçon proprement.
Et uns vallez s'ensuit qui les grans sauls pourprent;
En la chambre amoureuse va criant hautement,
915 "Vez ici Alixandre le roy qui tout comprent."
Quant Bulchiforas l'ot et Melidus l'entent
Et les nobles pucelles, grant joie au cuer l'emprent.
Melidus appella ses gens courtoisement
Et dist, "Je vous conmant a tous conmunement
920 Que vous li faites joie et houneur reverent.
Ne parlés ja de guerre, d'ennoy ne de torment,
Fors de joie et d'amours par dous acointement,
De penser, de plaisance, de desir qui esprent,
De force, de proesce, de poissant hardement."
925 Et il respondirent, "Tout ce ferons bonnement."
Adont fist Alixandres d'euls tous approcement,
Et quant cil le perçurent qui leur contenement
Veïst et leur maniere et leur enclinement
D'agenoullier, d'enclin et de salüement,
930 On desist cil la scevent toute honnour plainnement.
"Sire, dist Melidus, bien veingnez a present.
Faire pöes vo boin et dire vo talent
Decy jusqu'a demain aprés l'ajournement,
Se trieves ne sont faites encuy nouvellement;
935 Mais tant vous di je bien que j'ai fait serement
Que ja pais n'en ferai pour or ne pour argent.
S'aray vengié mon frere de vous et de vo gent;
Li prïers et parlers en seroit pour noient."
"Sire, fait Alixandres, ce poise moy forment
940 Et puisqu'ainsi le dictes, je jur loyaument
Qu'ainsi de faire pais n'ai voloir ne talent."
Adonques ont laissié leur rancun parlement.
En la chambre amoureuse ou li fins ors resplent
Ont amené le roy et ses .vj. pers briefment;
945 Sus les tapis de soie ouvrés soutiuement
Sont assis doi et doy lés l'erbe freschement.

---

913. v.s'en fuit.   921. W ne t.   925. il respondent.   933.
D.dusques.   936. p.ne f.   939. S.dist.   941. Qu'aussi.   944.
On en mainne l.   946. d.sour herbe franchement.

## 30

Les .iiii. demoiselles ont grant joie menee
Pour le roy Alixandre, le seigneur de Caldee.
Moult par a li boins roys la chambre regardee
950 Les ymages, les dix et l'euvre figuree.
Grant merveille l'en est dedens le corps entree,
Ainques plus belle chambre ne fu je croi trouvee.
"Sire, font les pucelles, pour vous bien nous agree
Et pleüst a Marcus qu'elle fust embrasee
955 Et toute ceste ville fondue et arrasee
Et pais se peüst faire sans ferir cop d'espee
Mais il ne se puet faire dont moult nous desagree."
"Grant mercis," dist li rois ou proesce est entee.
Puis appella Aymon et dist sans demouree,
960 "Tholomer et Dan Clin, puis dist, chose est prouvee,
Telle prison n'est pas male ne redoubtee;
Bon se feroit tenir et manoir a duree."
Quant li baron l'entendent cascuns a fait risee.
"Voire, sire, dist Aymez, mes la chambre est faee
965 Et la coustume y est honneste et desguisee
Et tant vous di je bien qu'elle est bien escolee
De .iiii. demoysellez chascune plus senee
C'om puist trouver en terre tant soit longue ne lee.
La poissance d'amours est en ellez entee
970 Si vertueusement mise et encorporee
Que le centieme part n'en iert jamais nombree.
Bien les orés parler ains qu'il soit la vespree,
Chascune bel et bien et par langue attempree."
"Sire, font les pucelles, sauve soit sa pensee;
975 Il se gabe de nous, nous n'en savons derree.
Nonpourquant il convient et par œvre ordenee
Que vous et vostre gent qui ceens est entree
Parlés et argüés, telle est la destinee.

---

**30.** 947. L. .iij. 952. Onques p.b.c.n.f.ce c. 954. Que. 955. et jus rasee. 958. Grans m.d.l.r.o.p.e.entree. 960. dist il. 961. e.mie. 966. estelee. 971. p.j.n'en n. 972. a.que s. 973. et de. 974. s.s.la p.

TEXTE

Ou au mains, faites vous en balade secree;
980 C'est du mains ainssi faut que l'œvre soit tournee."
"Elas, dist Alixandres, j'ai a non Fol y bee;
Par m'ame, je n'en sai une aguille escassee."

### 31

"Sire, font les pucelles, ce ne puet remanoir.
Il vous convient par force a canter esmouvoir
985 Et les autres aussi i convient aparoir
Et fair[e] leurs balades de desir et d'espoir.
Et qui les millieurs vers em porra concevoir,
Nous li ferons, c'est drois, coronne d'or avoir
Et li mieudres aprés aura, si com j'espoir,
990 Un vert capel de flours, gracïeus a veoir."
"Certez, dist Alixandres, cils fais ne puet doloir
Et puisqu'il est enssi, nous ferons vo voloir."
Adonques oïssiés le grant joie esmouvoir.
Buchiforas qui fu hardis outre pooir,
995 Biaus chevaliers et jovnes, les fist lors asseoir.
Une coronne prist qui valoit grant avoir.
Rubis et esmeraudes i ot au dire voir,
Cleres, grosses et belles. Adont sans remanoir
Veïssiés grant deduit conmenchier ou manoir.

### 32

1000 En la chambre amoureuse faite d'ymagerie,
D'argent, d'or et de pierres ouvree et entaillie,
La gesoient tapis de Tir et d'Aumarie.
Sus coussins a gros pelles fais par bonne maistrie
Se seoit renc a renc le noble baronnie.
1005 Buchiforas a dit devant la compaignie,

---

979. f.ent la b.   980. fourmee.
**31.** 984. f.au c.   985. W *omet* convient.   986. E.faire leur b.
990. U.capelet d.   996. c.d'or p.   998. b.dont peuissiés voir.   999.
G.d.c.ou lieu et el m.
**32.** 1000. f.a y.   1003. Sour.   1004. r.en r.la n.compengnie.
1005. baronnie.

"Seigneur, ceste couronne que je ay ci couchie
Sur cest riche orillier je vous jur et affie:
Cils ou celle qui plus fera d'œvre agencie,
Balade plus sentans, plus gaie et miex puchie
1010 Aura ceste couronne car la raisons l'otrie.
Et la seconde aprés qu'iert la mieudre ensuivie
Aura ce vert chapel de fleurs par seignorie."
"Conmenciés, sire roys, vostre en iert la maistrie!"
"Non feray, dist li roys, foy que doi Dyanie.
1015 Premiers diront les damez car drois le certefie."
"Sire, font les pucelles, ne conmencerons mie;
Ainchois conmencerés par Venus nostre amie."
"Dames, fait Alixandres, ci faut grant estudie;
Je n'ai pas ma matere si tost appareillie.
1020 J'escriprai ça mes tables, elle vault conmencie."
Lors escript Alixandres, pense et melancholie
Et chascuns et chascune y regarde et varie;
Li uns gist, l'autre siet et li autres pietie.
Ainssi font leurs balades par plaisance envoisie;
1025 Qui la fust a ce don ne fust raison oÿe.
Ains escripsent entr'euls pensant chiere embronchie
Pour gaaignier l'onneur ou chascuns estudie,
Et quant li roys ot fait, ou tant ot courtoisie,
Il a parlé en haut et dist, "Or soit oÿe
1030 La balade qu'ay fait car elle est diffinie."
Lors quant le roy oÿrent celle noble mesnie
Seoir s'en sont alé; le chambre ont veroullie.
Grans bans d'ivoire lons, ouvrés d'œvre polie,
D'ymages entailliez d'or fin et de pierrie
1035 Ont en la chambre mis de chascune partie.
De coussins les couvrirent ou li ors reflambie
Et dames et pucelles et la bachelerie
S'assist malle et femelle. L'uevre i fu bien partie
Quar mainte dame i ot et de haute lignie

---

1006. q.j'ai c.denonchie. 1007. S.cel. 1008. q.fera plus son o. 1009. B. miex s.p.q.et m.polie. 1010. c.r.si o. 1011. a.qui iert li miex sivie. 1012. A.cest. 1018. D.dist. 1025. ce dont ne se r. 1026. A.escrisent. 1039. Ja m.d. i o.d.tres h.

1040 Qui servoient les ·iiii. dont ma matere crie
Si que qui sot parler la pot bien faire amie.
Une chaiere assirent gracïeuse et jolie
Sur une riche table qui fu d'or entaillie.
La s'assist Alixandres, premiers a celle fie.
1045 Buchiforas l'apelle devant la compaignie,
"Or ça, sire, fait il, vous jurés sans boidie
Par la foy que devés Venus et Dyanie
Que ceste balade est par vous faite et furnie
Et qu'aillieurs autres fois ne fu dicte n'oÿe?"
1050 "Non, respont Alixandres, s'amours me doit aÿe,
Vés ci ou je conmence; oiés, je vous em prie."

### 33

Alixandres        escrivee

#### I

Puis que j'oi d'amer talent
Ma tresdouce dame france,
Je n'oy painne ne tourment,
1055 Mes si joieuse plaisance
Et si haute souffissance
Qu'adés dames deboinaire
Servirai ou que je soie,
Car ce me plaist et doit plaire;
1060 Ne miex vivre ne porroie.

#### II

J'en ay joieus sentement,
J'en ai des bons cognoissance,
J'en vis amoureusement,
J'en cognois douce esperance,
1065 J'en preng peuture et sustance,
J'en sui esquiex de contraire;

---

1042. polie.   1043. Pour.   1050. N.ce dist.

Dont je sivrray ceste voie
Quar ce me plaist et doit plaire;
Ne miex vivre ne porroie.

### III

1070 Dame a franc cuer excellent
Aournee d'attemprance,
Cuer, corps, penser plainement,
Avis, espoir, desirance
Met en vostre bien vœillance;
1075 Tous sui pour vo plaisir faire
Douce dame simple et coie,
Quar ce me plaist et doit plaire;
Ne miex faire ne porroie.

### 34

"Chevaliers et vous damez, se Marcus vous doint joie
1080 Se je sui acquités demander le voudroie,
Or faut il que cascuns aprés die la soie."
"Sire, font li baron, se j'en vo point estoie
De prisier ma balade certes je me tairoie.
Ces .iiii. demoiselles a ces blïaus de soie
1085 Rabateront vos mos, il est drois c'on le croie."
"Par foy, dist Alixandres, volentiers les orroie."
Lors prist Deromadaire parmi la blanche doie
Et dist, "Aprés irés car raisons s'i aloye."
"Sire, dist la pucelle, moult envis le feroie.
1090 Faites aler vos Griex qui d'amer ont la proie."
"Par foy, ce dist Leone, que dire n'y sauroie."
"Ne je, dist Aristés, se je ne rassotoie.
Nous n'en avons riens fait; pour coy en mentiroie?"

---

**33.** 1078. W Ne me et caetera.
**34.** 1083. je m'en t.   1084. C. .iij.   1085. m.bien e.d.que l'escroie.   1090. q.d'amours.

## 35

"Conment, dist Alixandres, li riches roys puissans,
1095 N'avés vous noient fait? Quelz est li couvenans?
Cil qui ont fait balades soient les appartans."
"Sire, dist li dus Ainmes, ierch la moie disans
Et aprés Tholomers et Dan Clins iert suivans.
Nous ne sonmes que .iiii., de ce soiez creans,
1100 Contre ces .iiii. dames a ces vers yex rians.
.VIII. bonnes valent miex que de males ·C. tans."
"C'est bien dist, dist li roys. Dame, soiés chantans."
Deromadaire assist ou siege par les flans,
Dont fist le serement par devant les aucans
1105 Et puis dist, "Je conmence puisque c'est vos conmans."

## 36

### I

De bel, bon et gracïeus,
Simple, seür et secré,
Jone, jolie, amoureus,
Soui proïe en loiauté,
1110 Mes je n'os faire l'ottri
Pour cremeur qui maint en mi.
Or ne vœil plus tant attendre
Car s'il me fait jamés pri
Du tout a li me vœil rendre.

### II

1115 J'ay droit car c'est bien mes preus
Et quant j'ay consideré
Son douch maintieng savereus,
Sa tresparfaite biauté,

---

**35.** 1094. C.roys A. 1096. s.lues. 1097. A.iert. 1102. r.Dames.

           Amours part mon cuer parmi
1120       Et empraint son vis en mi
           Et fait vrai desir descendre,
           Dont plainnement sans nul si
           Du tout a li me vœil rendre.

## III

           Bien puet estre trop crüeus
1125       Refus, je l'ai esprouvé,
           Je l'ai fait moult paoureus
           Souvent quant l'ai refusé
           Et se plus faisoie enssi
           Moy lairoit je croy desi.
1130       Cremeurs m'a fait moult desfendre
           Mes plus ne lairay en mi
           Du tout a li me vœil rendre.

## 37

      "Sire, or ai je finé; s'il y a que reprendre,
      Vœilliés m'ent excuser, pas ne puis tout comprendre."
1135  "Belle, ce dist li rois, par les diex de Poulendre,
      Je ne vous oÿ hui mesdire ne mesprendre.
      J'aim mix ceste balade que .C. mille mars prendre.
      Je la vourrai par cuer retenir et aprendre
      Quar moult y a sustance, qui bien le scet entendre.
1140  "Avant! Aymes li dus, plus ne pöés attendre!"
      Et Ayme li dus saut legiers conme kalendre.
      Le serement a fait, puis dist, "Vœilliez m'entendre;
      [De sentement] l'ai fait, on ne m'en doit [reprendre.]"

---

**36.** 1120. E.en priant.
**37.** 1134. e.pais n.    1142. f.et d.v.me e.    1143. *Sl* Le serement l'a.f.o.n.m'e.d.surprendre.

## 38

### I

      Par .ii. vairs yex clers et rians  
1145   En .i. gracïeus vis pourtrais  
      Secz, dous, fins et humilians  
      Sui si d'amer trais et attrais  
          Et pourtrais  
          Hautement  
1150  Que par ce sui je refais  
          Joieusement.

### II

      Quar desirs m'en est esmouvans,  
      Pensers n'i vœult mettre relais,  
      Plaisance m'i conmet tous tans.  
1155  Souffissance me donne pais  
          Et bien fais  
          Francement  
      Par quoy je sui liés et gais  
          Joieusement.

### III

1160  Se dangiers m'est contr'alians,  
      N'en puet chaloir, tels est li fais;  
      J'espoir que pitiés m'iert aidans  
      Dont ne lairai l'amer jamais  
          Ainssi trais  
1165        Douchement  
      Sui et serai amans vrais  
          Joieusement.

---

**38.** 1166. *W omet* a.v.

## 39

"Je me sui acquitié ou bien ou maisement
Ainssi qu'a mi affiert selonc men sentement."
1170 "Aymes, dist Alixandres, souffrez vo parlement;
Se la sentiés mauvaise, par les diex d'Orïent,
Ja ne diriés tels mos, mais bonne et vraiement.
Or avant, demoysellez! Delivrés nous briesment!"
Lors a pris Preamuse par le main doucement,
1175 Entre li et Aymon l'assirrent erraument.
"Avant! dist li rois, dictez tost et delivrement.
Bulchiforas, prenés de li le serement."
"Sire, dist la pucelle, je ferai vo talent:
Par les dix de la mer et cel du firmament,
1180 Je l'ai fait, n'onques dicte ne fu certainnement,
Sans aÿde d'autrui assés ignoraument.
Vé ci la u je conmence, coisiez vo parlement!"

## 40

### Balade feminine

#### I

    Ami qui tout a compris
    Quancques bons et biax comprent,
1185     [Ainc] or n'a il mie apris
    M'amour, n'il n'en scet noient
        S'ay tourment
    Car il n'i a point de pensee.
    Vez ci la cause justement
1190     Par quoi je sui desconfortee.

---

**39.** 1169. A.qu'affiert a moy assés ignoraument. 1171. Se lei sentissés maise p. 1176. isnellement. 1181. S.l'a d'a.fors de mon sentement. 1182. V.c.u.
**40.** 1185. *S1* Ami.

## II

S'il savoit conment espris
Est mes cuers attaingnaument,
A moy se renderoit pris.
Lasse! je n'os nullement
1195    Mon talent
Dire a li car cremeurs le vee.
Vez ci la cause justement
Par quoi je sui desconfortee.

## III

N'affiert a dame de pris
1200    De prïer premierement,
Espoirs ne m'est point amis,
Non est plaisance ensement
    Nullement:
Ainssi sui d'amour demenee.
1205    Vez ci la cause justement
Par quoy je sui desconfortee.

### 41

"J'ai dit; viegnent li autre a boinne destinee.
Tenés, Buchiforas, ma balade est livree!
J'ai si grant haste au fere qu'elle n'est pas notee."
1210 Et dist Buchifor[a]s, "N'est pas chose ordenee,
Balade vault trop peu quant elle n'est chantee."
Et respont Preamuse, "Bien tost seroit werblee."
"Belle, dist Alixandres, par les dix de Caldee,
La balade fu faite de dame enamouree;
1215 En escript les aurai toutez ains la vespree.
Miex les ainme que d'or une salle comblee.
Or avant, Tholomer! passez, s'il vous agree."
"Sire, dist Tholomers, sauve vostre pensee,

---

**41.** 1210. *Sl* d.Buchifors, *W* B.Pas n'e.c.    1211. notee.    1214. f.f.en d.

Menés y celle dame que la voy enclinee."
1220 Saigremore respont, "Peu sui mal atournee;
Trop est poi en mon cuer matere figuree.
Cy n'a celle fors moy qui bien ne soit amee
Et dame sanz ami, conment puet estre entree
En leeche n'en joie n'en matere attempree?
1225 Se je chant si n'iert ce jusqu'a la definee."
"Belle, dist Alixandres, vous serés assenee."
Adont a pris Lyone par la manche brodee
Et li dist, "Demoisiax, or soit renouvellee
Amours en vostre cuer car cause i est trouvee.
1230 Amez celle pucelle car moult est esmeree;
Et dame, amez le aussi, ja n'en serés blasmee
Quar il est fors et fiers, de proesce esprouvee."
"Sire, dist Saigremore, je m'i sui acordee
Et a vostre plaisir mise et avoluntee
1235 Quar se la u je pensoie eüst ma vie oultree,
On me peüst nonmer par raison Fols y bee.
Je vous tieng a ami tous jours mes a duree."
Lionne l'en mercie et si l'a acolee.
Et Tholomers s'asist en la caiere ouvree
1240 D'or, d'argent et de pierres faite et ymaginee
Et fist le serement enssi qu'an droit agree;
Puis dist, "Or escoutés; bien tost l'aurai finee.
Vez ci ou je conmence; apaisiez vo crïeel!"

### 42

### Balade

#### I

Se trestout cil qui sont et ont esté
1245 Et qui seront, estoient mantenant,
Et puis eüst chascuns consideré

---

1220. r.J'en s. 1222. Car n'a celi. 1223. c.seroit. 1225. n'ier che jusques al d. 1234. p.et m.et ordenee. 1235. Q.chou u j.p.euist. 1241. e.qui li a.

En lieu secré et visast en pensant,
Ne saroit il amours pas prisier tant
Que miex .C. fois ne vaillent si docours?
1250 Par moy le say qui cognois qu'est amours.

## II

Par amours sont tuit vice anichillé
Et par amours vont les vertus regnant.
D'amours vient pais, foys, grace avoec pité;
Qui n'a amé, il a cuer ignorant.
1255 Li bien d'amer sont seür et croissant;
Dont cils qui ainme il laist toutez dolours.
Par moy le sai qui cognois qu'est amours.

## III

Or soient dont tuit cuer enamouré,
Puis c'on en vit en deduit si plaisant
1260 Qu'ainques n'ot bien qui n'ainme ou a amé,
Ou a espoir d'amer, je ne sai quant.
Sage sont cil qui amour sont servant
Quar leur servirs leur merist tous les jours.
Par moy le sai qui cognois qu'est amours.

## 43

1265 "Je me sui acquitié, se j'ai dit mes mos lours
Amender ne le puis; c'est par mes foles mours."
"Par dieu, dist Alixandres, vous savés bien les tours
De balades ouvrer, peu en y a milliours.
Or avant, Saigremore! plus ne faites des tours,
1270 Dist li roys Alixandres, car venus est vos tours."
"Sire, dist la pucelle, volentiers m'i atours
Et puis que j'ai ami, jamais n'aurai dolours."
Lors monte en la chaiere par devant les pluisours

---

**42.** 1249. W *omet* ne.   1252. fallant.
**43.** 1272. Car.   1274. s.sour l.

Et fist le serement sus le dieu des auctours
1275 Et puis dist, "Faictez pais, si orrés mes clamours!"

## 44

### I

J'ai eü triste courage
Et esté nüe d'amer,
Or m'a amours sans folage
Fait par son gré assener
1280     A tres bel et boin sans per,
S'en est dolours de moy ostee
Et toute joie en maint en mi.
Hé! bonne amour en soit loee
Qui m'a donné nouvel ami.

### II

1285 Exempte en sui de servage
Car j'avoie un fol penser
Qui pour payer le musage
Me donnoit un savourer
Qui ne pooit profiter.
1290 Mais or est ma jo[i]e achievee,
Desormais serai sans soussi.
Hé! boinne amour en soit loee
Qui m'a donné nouvel ami.

### III

Et puis que j'ai ami sage
1295 Et boin, je le vœil garder
Et mettre y cuer, corps, usage,
En tout son voloir greer,
    M'onneur gardant sans l'oster.
Ainsi seray en joie entree

---

**44.** 1277. E.e.irrié.    1281. e.colours.    1288. desirrer.    1290. S1 joe.    1297. Et son boin v.g.    1298. o.garder tant s.    1299. s.de j.entee.

1300 Et sui desja pour vray l'affi.
Hé! boinne amour en soit loee
Qui m'a donné nouvel ami.

## 45

"Or viengne aprés qui vœlt, j'ai mon veu acompli."
"Belle, dist Alixandres, onquez mais miex n'oÿ.
1305 Liones se doit [bien] honnourer, car pour li
Avés nouvelement fait ce langage ci."
Lors l'acola Lyonne qui forment la chieri;
A .i. costé s'assirent sur .i. riche tapi.
La parolent ensamble d'amour et de merci,
1310 La se merlle desirs avoec amoureus pri,
Souvenirs et pensers, douce plaisance aussi;
Des deshonnour refus font et d'onnour otri.
Et Buchiforas crie, "Delivrés sans detri!
S'il i a plus balades si les aportés ci!"
1315 Lors se leva Dan Clins et a dit, "Vés me ci!"
En la chaiere monte, le serement furni,
Puis dist, "Or m'escoutés trestuit je vous em pri,
Vés ci que je conmenc[e] selonc ce qu'ay senti."

## 46

Balade

### I

En si gracïeuse prison
1320 Est mes cuers mis, compris et pris
Qu'adés en tele audicion
Vodroie estre, tant sui ravis,
D'amoureus sentement espris,

---

**45.** 1303. v.avant q.v.j'a.m.fait.   1305. *S1* d.h.   1307. f.l'en-
chieri.   1312. *W omet.*   1314. p.balade.   1318. *S1* je conmenci.
**46.** 1321. en celle.   1322. Vorroy.

Par quoy plaisance est de moy prise:
1325  De boinne heure fu ceste prise.

II

Par desir oÿ l'avision,
Pensers me saisi et avis,
Plaisance me prist a bandon
Avec .i. regart d'un cler vis,
1330  Puis m'amena espoirs jolis
Avec souffissance comprise:
De boinne heure fu ceste prise.

III

Dont j'ensuirrai vrai action
Tous jours com bons loiax amis
1335  En certaine dilection
Tres amoureusement conmis.
Bien le wault ma dame de pris,
Et quant j'ai fait du tout emprise
De boine heure fu ceste prise.

### 47

1340 J'ai fait; ce dist Dan Clins, ma balade est jus mise."
"Certez, dïent les damez, c'est bien fait a devise."
"C'est mon, dist Alixandres, d'amours scet bien la guise."
Aprés prirent Clarete en qui tant ot franchise,
Sus la chaiere fu aportee et assise
1345 Et fist le serement sus Venus qui justise
Les amoureus loiax et tient en son ju[i]se,
Puis dist, "Or soit oÿe me balade et reprise;
Vez la ci, je l'ai ja retenue et aprise."

---

1338. f.dont telle e.
**47.** 1346. S1 juse.    1347. d.Oiés ma b.

## 48

### I

Balade Clarete coronnee

Tres gracïeuse sui des biens d'amer
1350 S'en lo amours de cuer tres humlement,
Qui m'a a bon et bel fait assener
Par tel maniere et par itel couvent
Que quiconques verroit no maintie[n]g gent
Veïr porroit tout en une assamblee
1355 Amours, amé, amant, amie, amee.

### II

Amours y est qui nous doit gouverner
Et s'est amez de moy oultreement
Et s'est amans, ce doi je supposer;
Amie sui aussi parfaitement
1360 Et sui amee — espoirs vrais le m'aprent.
Dont par ces poins a il en no pensee:
Amours, amé, amant, [amie, amee].

### III

C'est noble compaignie a regarder
C'on s'i mantient si amoureusement
1365 Que cuers humains ne le saroit penser
Et dame y a toute honneur plainement,
Dont ja oster n'en vœil men douch talent,
Ainchois seray et suivray a duree
Amours, amé, amant, amie, amee.

---

**48.** 1349. T.euireuse.   1352. m.p.tel c.   1353. S1. v.maintieg.
1362. S1 amant amee amie.   1367. o.ne v.

## 49

1370 "Seigneur, dist la pucelle, je m'en sui acquitee
Et vez ci ma balade bien escripte et notee."
"Certez, dist Alixandres, pas ne l'avez gardee
Au derrain por la pire, mes pour la mix loee.
Voirement dist on voir, par les dix de Caldee,
1375 Cils ou celle qui s'est mains en son fait vantee
C'est li cuers ou scïence est plus enracinee."
Adont se sont levés tout a une huee
Lione, Filotas, Caulus, sanz demouree.
Buchiforas et roys Melidus d'Aquilee,
1380 Dames et damoiselles dirent sanz arrestee,
"Seigneur, alés vous ent en celle sale lee
Tant que li jugemens soit fait fins et entree."
Adont prist Alixandres ou honneurs fu plantee
Les .iiii. demoiselles; cascune iert esmeree.
1385 Aymes et Tholomers et Dan Clins d'Aquilee
Issirrent aussi hors de la chambre doree.
Ens ou palais Dyane dont l'aire fu ouvree
Estendirent tapis, la ont fait arrestee.
Cascuns prist sa chascune, la fu renouvelee
1390 Le poissance d'amours; cascuns ot sa privee,
Et el lieu de Lyone li roys chiere membree
A Sayg[r]emore plaide d'amour enluminee.
Et cil qui remez furent en la chambre honnouree
S'assirent a conseil et mettent leur pensee
1395 Pour savoir auquel d'yaus l'onnour seroit donnee.
Cascune des balades fu assez regardee,
Lute plus de .x. fois et bien consideree;
Moult grant descort i ot au jugier et meslee.
Li uns voelt la Dan Clin qu'elle soit coronnee,
1400 Li secons Tholomer en donne sa dictee,
Li tiers Aymelidon et li quars au roy bee,

---

**49.** 1370. je me s.   1375. est en s.f.m.v.   1381. c.cambre.
1382. s.f.sans detriee.   1386. a.fors.   1392. *Sl* Saygemore.   1398.
Bien.   1401. t.Aymon le donne.

Li quins a Preamuse, li autres le devee;
A Saygremore aprés vœullent que soit livree.
Li sept dist, "Preamuse au mains soit estrivee."
1405 "Mais Clarete, dist l'autres, en ait l'onneur portee
Qui parlé a d'amours, d'amé, d'amant, d'amee.
C'est li meillieur balade qui fust hui recordee."
"C'est voirs, font li aucun, et c'est la mix ouvree."

### 50

"Seigneur, dist Aristez, n'alons point tort faisant!
1410 Vez ci la balade Dan Clin le combatant
Qui est bonne et bien faicte, ne la vois deprisant,
Mez ci ou secont ver a il .i. faus ronmant.
Et en la Tholomer que vez ci ensuivant
Une redicte en sens y est, je vous creant.
1415 En l'Aymon .i. genoul, alés le bien lisant;
Ce n'est riens qui ne va les vices espluchant.
La balade Alixandre que leüsmez devant
Elle est de vicez nette et va moult bien servant,
Mes il ne reva point tres hautement parlant,
1420 Mes c'est celle des honmes ou m'iroie acordant.
Vez ci Deromadaire qui un poi va vantant,
Et Saigremore dist qu'elle a nouvel amant,
Li mot ne sont pas haut mes il sont bien plaisant.
Et Preamuse aussi en ce ver ci devant
1425 A .i. piler pour nient qui mal i va seant,
Si qu'a verité dire, par les dix d'Abilant,
S'on donnoit pour honneur, royaume, ou terre grant
Si le doit bien avoir Clarete au cuer sachant."
"Certes, fait lors chascuns et chascune en riant,
1430 Je croy que vos avis ne va point variant.

---

1402. P.et.   1404. Li uns d.P.a.m.iert.   1406. Q.a p.   1407.
e.la mieudre b.q.h.f.
**50.** 1415. le pourlisant.   1417. q.lisimes.   1418. Celle e.d.visce
n.e.v.m.b.sievant.   1419. r.pas si h.   1420. W *omet* c'est.   1424.
c.mot.   1425. .i. parler.   1427. p.amour avoir o.   1430. v.amis.

Or le couronnons donques car il est bien seant
Et donnons le chapel Alixandre le grant."
Li fais est acordez, en escript vont poignant;
Une couronne d'encre Clarete en vont donnant,
1435 Et puis en Alixandre le chapel figurant.
Puis demandent li vin; on leur va aportant
En hanap de fin or, froit et estincelant.
Quant il orent beü s'apellent le serjant.
Les dames et les princes qui furent attendant
1440 En la chambre en entrerent, chascuns joie faisant
Et de veïr l'onneur orent cuer desirant.
Car pas ne resambloient li prince souffissant
Les fols meleüreus qui sont non entendant
Qui se vont des faiseurs par le païs moquant
1445 Et si appellent "rusez" leur ouvrage poissant.
Tels gens he et harrai le cours de mon vivant
Quar qui iroit tres bien le fait considerant,
Il y a moult de bien et de sens appendant.
Et encore plus di et vois certefiant
1450 Que tout la plus soutil œvre, soiez creant,
Qui soit, et mains prisie; las! j'en ay cuer dolant.
Mes mes maistres por qui je fai cesti roumant
Li boins Symons de Lille — ou Dix face garant! —
N'est pas de ciex moquieurs conme j'ai dit devant.
1455 Anchois ainme le fait — bien est apparissant —
Quant il me livre vivre, chambre et clerc escrisant
Pour faire li biax dis; d'el ne le vois servant,
Et certez je li vois de joieus cuer faisant
Et j'espoir, se Dieu plest, le pere tuit poissant
1460 Que des biens me fera ains qu'il voist defaillant.
Dix li doinst bonne vie! De li lairay atant.
Dedens la chambre furent li amoureus entrant,
De l'onneur conquester volentieu et en grant.

---

1432.1 *S1* Si le doit bien avoir Clarete au cuer sachant. 1433. en l'escrit. 1434. C.y v.signant. 1435. A.un. 1438. b.lor huchent li s. 1443. s.mal. 1446. vulant (v[i]vant?). 1449. e.di jou et. 1450. Q.c'est la p.soutieue o. 1453. Lille qui. 1454. m.que j'ai nonmes d. 1456. l.c.et .i. c. 1457. ne li.

## 51

      En la chambre amoureuse sont li baron entré
1465  Et les .iiii. pucellez qui moult orent biauté.
      Li roys Bulchiforas, Caulus et Aristé,
      Antigonus, Lyone, Melidus le barbé,
      Cil ont pris la couronne si l'ont errant levé.
      Puis dist li uns, "Oyés, entendez verité!
1470  N'aiés li uns a l'autre rancune ne maugré
      Car nous avons jugié le pris par loyauté
      Ce ne disons nous pas que tuit si bien ouvré
      N'aiez c'on ne puet mix, n'onques en nostre aé
      .VIII. si bonnes balades n'eüsmes escouté.
1475  Vez ci les .ii. baladez qu'avons l'onneur donné.
      Ca[r] qui a fait *Amours, amant, amie, amé*
      Vieigne avant, car le pris li avons acordé."
      Quant Clarete l'entent, li cuers li a levé,
      De joie et de leeche a tout le vis müé.
1480  Antigonus li a la couronne posé
      Seur le chief, qui estont de fin or esmeré
      Dont les pierres valoient tout l'or d'une cité.
      S'elle fu honnouree, ja ne soit demandé.
      Ses autres suers en ont un peu le cuer iré
1485  Et nonpourquant tout dïent le pris ont bien donné.
      Adonc ont la seconde balade rapellé
      Et dïent, "Qui a fait ceci et ordené:
      *Ce me plaist et doit plaire* — en ci i a rimé —
      *Miex vivre ne pourroie* le refrain ay nonmé?
1490  Lors sailli Alixandres quant il s'ot escouté
      Car point ne fust li liés pour une royauté
      Et on li a el chief le vert chapel posé.
      Lors menerent grant joie et ont en haut chanté
      Et li doi trompeur d'or qui furent manouvré

---

**51.** 1468. c.et.   1471. p.en l.   1474. *Le deuxième hémistiche manque dans* W.   1475. *Le premier hémistiche manque dans* W. 1476. S1 Ca, W amant,amis,amé.   1486. A.on.   1487. ce y chi et. 1490. il ot.   1495. canté.

1495 Orent par ingremance adont moult haut trompé.
Volentiers l'escouterent li Grieu et li Caldé.
Et quant li trompeur orent leur bature achievé
Le chambre qui seoit seur le piler quarré
Conmencha a torner, si come vous ai compté
1500 Aussi fort c'on trairoit .i. quarrel empenné.
Dont li aucun cuidierent que tout fust reversé,
Dont li rois et li Grieu chaïrent enversé.
Lors se rasist la chambre quant trois tours ot tourné.
Li prince se relievent, moult furent effraé.
1505 Melidus et les dames avoec Bulchiforé
En ont ris durement et moult leur vint en gré.
Et Alixandres dist, "Vés ci .i. lieu faé."
Adont leur a Clarete l'afaire devisé
[Ensi qu'elle fu faite par art enfantosmé:]
1510 "Quant cil doi tormpeur trompent qui sont d'or esmeré,
Selonc sces parois cy ou avons aconté
Lors ne sentons nul mal, n'y a nulle grieté."
"Par foy, dist Alixandres, moult avés bien parlé.
Une autre fois serons aus [parrois] adjousté."

## 52

1515 En la chambre amoureuse s'en voisent les pucellez.
Li roys et si Grigois, Yndois et demoysellez
Chantent et solefient leur balades nouvelles.
Li rois em prist copie car bonnez sont et bellez.
Puis demandent le vin et espices isnellez;
1520 Le vin leur apporterent escuier en cotellez.
Aprés boire, oïssiez pipes et chalemelez,
Orguez, harpes, guiternez, douchainnez, et fretellez,
Estivez, coradois, trompez, tabours, viellez;
Ainssi que li un danssent, li autre sont sor sellez.

---

1497. o.asses trompé.   1503. q.ot .iij. tours t.   1506. v.a g.
1509. *S1 omet*.   1511. c.nous alons a costé.   1514. *S1* a.paons.
**52.** 1515. a.s'esvoisent.   1519. nouvelles.

1525 Atant es .i. message qui ja d'autrez nouvellez
    Leur dira et fera bien müer leur querellez.

## 53

Hautement a parlé, oiant tous li messagez
Et dist, "Seigneur, dela du Faron les rivages
Est Porrus li Yndois, il et tous ses barnagez.
1530 Avecques li Betis, il et tous ses lignages;
Chevauchié ont par plain, par mons et par boscagez
Pour ceste ville aidier car ci maint ses paragez.
Et bien pres li Baudrains se loge en ses herbages
Qui est venus de Baudres a destriers de Cartagez
1535 Et Marcïens de Perse qui est courtois et sagez.
Mar entra Alixandres en nos grans hyretages."
Quant Bulchiforas l'ot, levez fu ses visagez
Et Melidus aussi a qui fu grans corsagez
Et dirent, "Tres bien soit venus nostre lignages;
1540 Bien nous aront mestier leur escu et leur targes."

## 54

Quant Alixandres ot le fait et les raisons
Que venus est Porrus, Baudrains et Marcions
Dont chascuns d'euls estoit par honmage ses hons,
D'ire et de maltalent devint tains com charbons.
1545 Aussi fist Tholomers, Dan Clins et Festions,
Lyones, Aristés, Caulus, Emelidons;
Müee fu lor joie en tribulacions;
Adont n'orent talent de noter leur canchons.
"Sire, fait Melidus, le secours averons."
1550 "Bien say, dist Alixandres, ne say quel le ferons,

---

1525. e.vous un més q.
**53.** 1528. F.des.    1530. Avœc.    1531. o.p.plains.    1532. lignages.    1534. quartage.    1539. Et disent.
**54.** 1546. C.Aymes  li  bons.

Mes bien doit mescheïr cuer qui fait traÿsons.
Vostre merci, biau sire, de l'onneur du respons
Et de la courtoisie que cy trouvé avons.
Et vous, damez, pucellez, gardez nous nos prisons,
1555 Dan Clin et Tholomer et Ayme qu'est preudons
Par aucune maniere espoir les raverons."
"Sire, fait Melidus, n'en soit ja souspechons,
Mais par nos dix Marcus, tout avant souperons
Quar les tablez sont mises, de mengier est saisons.
1560 Jusqu'a demain au jour trieves vous creantons
Et puis aprés soupper nous vous convoierons
S'il vous plaist ou cïens moult bien vous aiserons."
"Sire, fait Alixandres, or en soit fais vos bons."
Et en ces mots disant que j'ai dit en despons
1565 Fu venus Marcïens, Porrus et Cassions.

## 55

Porrus et li Baudrains, Marcïens et Betis
Ou palais [de] Dyane entrent, qui fu pains d'asur bis;
De chevaliers n'avoit avoecques euls que sis
Quar leur gens se logoient dessus par les [larris].
1570 D'autrepart li Pharon parmi les prés flouris
Et du costé deça, vers destre, ce m'est vis,
Estoit l'ost Alixandre, el roy machidonis.
Entre les .ii. os eult .ii. rivieres de pris,
Roydes, noires et lees, profondes a devis,
1575 Le flun de Saltarnie et li Faron compris.
Et en l'ost Alixandre qui tant par fu hardis
Est venus Gadifers de Pheson, li gentis,
Qui fu niez du viellart Cassamus du Larris
Et fiex a Gadifer qu'a Gadres fu occis.
1580 On li compta en l'ost que li fors roys dez Gris

---

1551. m.chiaus q.font.   1552. o.dont.   1553. c.trouvee.   1554. q.bien vos p.   1555. et le preu du Aymons.   1557. S. dist.   1558. p.les d.   1562. Car s'il v.p.cheens m.   1563. S. dist.   1564. d.et.
**55.** 1567. p.de D. entrent li .ij. princhis.   1568. a.avœc.   1569. S1 larrais.   1573. os ot.   1576. t.estoit.   1580. li frans r.de.

Ala a la cité ains qu'il fust miedis.
Quant Gadifer l'entent, errant i est vertis;
Le riche paon d'or qui [en restor] fu mis
First porter avoec li qu'il ne s'est alentis;
1585 Et sa gent se logierent par les herbiers flouris.
Et li .iiii. qui furent ens ou palais votis
Salüent Alixandre et les autrez marchis.
Et Porrus premerains est vers le roy vertis;
Un enclin li a fait, puis dist, "Sire gentis,
1590 Venus vous doint sa grace et Mars et Dyanis."

### 56

Quant Alixandres ot que Porrus le salue,
Doucement li a dit, "Par parole meüe,
Biau sire, Dix me doint tel gent et tel ayeüe
Que ma force ne soit maté ne recreüe.
1595 Venez vous pour m'aïde ou pour ma mescheüe?"
"Sire, ce dist Porrus, la trieve avez rompue;
Nostre oncle avez assis et sa cité membrue
Par quoi mainte targe iert et quassee et fendue,
Maint biau cheval occis, mainte lance rompue,
1600 Maint Grieu et maint Yndois gisant bouce estendue.
Dont je vous rens la terre qui de vous [m']est venue
Et l'omage et la foy ainssi que fu creüe."
"Et je le preng, biau sire, dist li roys de value.
Et vous, sire Baudrain, ferés tel convenue?"
1605 "Oïl, sire, fet il, tout soit a vous rendue,
La terre et li honmages et la foy parcreüe."
Puis le fist Marcions qui forment en tresuiue
D'ire et de maltalent a poi que sanc n'en sue,
Mes Porrus le semont et li Baudrains l'argüe
1610 Tant que sa terre rent au roy chiere membrue.
Puis appella Betis et dist sans attendue,

---

1583. *S1* q.ou rostier.   1509. *W omet* et.
**56.** 1597. a.a.en.   1600. g.panche.   1601. *S1 omet* m'.   1608. s.ne s.

"Sera a vos serourge par vous route tenue?"
"Oïl, sire, fait il, la chose est maintenue
[Et par moy li sera faite grant secourue]
1615 Et mes freres sera en vo route cremue."

### 57

Ainssi ont li baron rendu honmage et foy
Au riche roy des Griex, mais s'il en a ennoy
Le scet il bien couvrir: rist et jue a gaboy.
Loés apporterent l'iaue vallet de noble aroy
1620 En richez vassix d'or esmailliez par donoy.
Premiers firent laver Alixandre le roy,
Aprés lava Porrus qui moult fu de gent ploy,
Et li Soudans de Baudres. Quant orent fait cil troy
Conmunaument laverent qu'il en orent l'otroy.
1625 Premiers s'asist li roys, puis asist joute soy
Clarete et Melidus qui ot corps simple et coy.
Et puis Deromadaire et Ayme nonmer doy;
Preamuse et Dan Clin se rassirent andoy.
Saigremore et Lyone moult bien firent le ploy
1630 Et puis Antigonus lez Cassïel le roy
Et puis s'asist Betis delés Buchiforoy.

### 58

Philostes, Aristés, Perdicas et Caulus
S'assirent et aprés Tholomer li cremus
Et en ces entrevales Gadifer est venus.
1635 Le paon aporta qui estoit d'or fondus

---

1612. v.rente.   1613. c.iert.   1614. *S1 omet.*   1615. E.Gadifers m.f.e.

**57.** 1616. h.au roy.   1618. r.j.et esbanoi.   1619. Lors.   1622. de grant.   1624. l.quant il o.l'o.   1625. p.sist dejouste s.   1627. D.a Aymon.   1630. *W omet.*

**58.** 1634. e.est G.   1635. *W omet.*   1635.1 W Et Gadifers salue le roy machedonus.

Dont ot li roys soulas et grant feste et grant jus.
"Seigneur, dist Alixandres, au mains voi de mes drus.
Se li uns des .ii. freres est vers vous retenus
J'en aurai aussi l'un, que bien soit il venus."
1640 Et Gadifer salue le roy malchidonus
Et honneure et encline quar moult fu esleüs.
Li rois le fist seoir que n'i arresta plus.
Li restors du paon fu devant tous veüs
Et au bout de la table le posa Melidus
1645 Et puis a dit en haut que bien fu entendus,
"Or escoutez, seigneur, por nostre dieu Marcus,
Huy avons honnouré amours et ses vertus;
Or ne seroit ce riens s'aprés n'estoit seüs
Li tres nobles fais d'armez et par nous maintenus.
1650 Se nous avons hui fait balades et argus
Or soit en autre guise nos maintiens contenus.
Il est voirs, ce savés, que li miens niez Porrus
Tua li biau paon qui estoit Edeüs,
Si les en fist voer le viellart Cassamus.
1655 Cascuns forni son veu si qu'il fu apparus
Et aprés restabli Edea le sourplus.
Puis jugoient du pris, mez pas ne fu seüs,
Ains le fist par miracle Mars, Dyane et Venus.
Cassamus ot l'onneur qui fu grant et corssus.
1660 Or sarés vous por quoy j'ai ces plais maintenus:
Je vœil que li restors dez vœulz soit contenus
Et que quanqu'il a ci de chevaliers membrus
Et de dames i viennent sans en faire refus."

## 59

Quant Porrus Melidus oÿ qui si parla,
1665 Courtoisement li dist et moult bien s'avisa,
"Onclez, dist li vassaus, mie ensi n'en ira.
Ce sambleroit redicte qui le voir en dira.

---

1649. Li haus poissans f.   1663. i voent s.ja mettre r.
**59.** 1664. Melidon oy qu'ensi p.   1666. v.mies (?) ensi jura.

Au mains en deportés ceuls qui vouerent la,
Ci en y a pluiseurs de coi cascuns voa:
1670 Caulus et Aristés, Flouridas que vé la;
Lyone et Gadifer qui pas ne s'i cela
Et li Soudans de Baudrez qui son veu demoustra;
Et je vouay aussi a Phezon par dela.
Les pucelles vouerent Ydorus, Edea;
1675 Dont iert ce laide chose et moult ennoiera
S'un autre veu fesiens ou païs par deça.
Et si vez ci Aymon qui pas ne vouera;
Tholomer ne Dan Clin prisonnier sont pieça.
Et cils fera folie qui vouer nous fera
1680 Et si ne dites pas qu'a moi enciegne ja
Que soit par couardise que mes cuers si parla
Quar onques pour paor certez ne le pensa,
Nonpourquant j'en voy .viii. desquels nuls ne voa.
Alixandres premiers mie ne s'en merlla.
1685 Festions ne Philotes nuls .ii. mot n'en vouça
N'Antigonus de Grece car pas n'estoient la.
Melidus n'i fu point, non fu Bulchiorfa,
Betis ne Marcïens tuit ci .viii. que vez ça,
Ne ces .iiii. pucellez aussi au lez de la
1690 N'ont voé ne joé si que moult bon sera
S'il vœulent qu'il s'i jouent et moult agreera,
Mes nous par qui li veuls s'emprist et desfina
Ne devons pas voer; mais on escoutera
Lez veulz et a l'oÿr moult grant bien nous sera."
1695 "Par foy, dist Alixandres, vos corps bien parlé a!
Dont voerons nous .xii. et on vous laissera."
Toute la baronnie adonques l'acorda,
Et Porrus sault em piez, la table trespassa
Et a prins le paon qui d'or reflamboia
1700 Et a dit, "Le paon li miens corps portera.
Quant a Phezon voasmez Helyos le porta,

---

1678. T.et D.C. car prison s. 1680. d.mie qu'en m.de meure ja.
1685. F.et P.n.d'iaus m.n'e.sonna. 1688. que vé la. 1689. a.que
je voi la. 1691. v.qui si vient e. 1692. v.emprist. 1696. Nous
v. 1699. Et apries.

Or porterai cesti." Lors vers le roy ala
Et dist, "Sire, vos corps le veu conmencera."
Et li roys respondi, "Volentiers le fera."
1705 Au paon tent sa main et chascuns l'escouta.

## 60

Li riches roys des Griex Alixandres d'Aillier
Qui fu largez des largez pour biax dons ottroier
Et preus oultre les preus, hardis sans fol cuidier,
Tent sa main au paon pour son veu denoncier.
1710 Eschausfemens li vint ens el corps herbegier,
Ireur, honte et orguiex dont le couvint changier
Quar li .iii. dez plus preus laiens sont prisonnier.
Et si voit ceuls qui furent si propre honme hiretier,
Porrus et le Baudrain, Marcïen le guerrier
1715 Et Betis de Pheson le frere Gadifer,
Qui le vœulent s'il puent occirre et detrenchier.
Ja voera tel choze qui porra anoier
Porrus et tous les autrez qui l'ont volu laissier.
"Je veu, dist Alixandres, a Marcus tout premier
1720 Et au riche paon c'on fist d'or esligier
Pour restorer la mort qu'a Fezon fu l'autrier
Que jamais tant com j'aie royaume a justichier
Ne ferai pais n'acorde a Porrus le guerrier,
Ni au Soudan de Baudres, n'a Marcïen le fier,
1725 Ne au roy Melidus que je voi ci mengier,
Ne a Buchiforas son fil le boin guerrier,
Ne m'en chaut de Betis ne li vœil acointier.
Mes les .v. que j'ai dit y vœil acompaignier
Ne que ne partiray de cesti hiretier
1730 S'aray pris le chité ou tout fait trebuchier
Et tout mis a l'espee sans [nesun] respitier,
Ou par ceuls iere occis et tuit mi chevalier.

---

**60.** 1711. O.hontes et ire d.   1714. Porrum.   1726. princhier.
1727. De B.ne m'en c.ne.   1729. Ne me p.   1731. S*1* s.en .i.
1732. p.iaus.

Et se conseil avoient de ces païs laissier
Si les sivrroie je avant jusquez ou val brechier
1735 Que tous ne les feïsse occirre et detrenchier.
Or voue aprés qui vœlt, j'ai dit mon desirier
Ainssi que je le pense faire et approprïer."

## 61

Quant li baron oÿrent le riche roy dez Griex
Chascuns fu esmaris et tristres et pensix.
1740 N'ot celui qui em bas ne bassat les sorciex,
Ne qui deïst un mot ne pour pis ne pour miex
Fors Porrus que respont chaus, ardans et hastiex,
"Sire, or soit il pendus qui en sera fuitiex.
Dieu merci nous avons espees et espiex
1745 Et si sonmes tuit sain. Sisterons es herbix;
La nous desfenderons s'il plaist aus hautains dix.
Ne say qui en aura ou le pis ou le mix.
.LX. mil avons d'Yndois et de Caldix,
Et vous ravés vos gens; or ne soit nuls tardix."
1750 "Amis, dist Alixandres, vous parlés com gentix;
Or en aviegne ainssi qu'il plaist au roy des chix,
Mes ce que j'ai voé tenray, soit joie ou diex.
Bien desservi l'avés si m'aït Marcuriex
Quar je vous ay esté trop humlez et trop piex;
1755 Or sarez qui mix voault, ou pitiez ou orguiex."
"C'est bien dit, dist Porrus; or nous sekeure Diex!"

## 62

Quant li roys Alixandres ot dit tout son plaisir
N'a celui de la table qu'il n'en feïst fremir.

---

1734. hierbier.
**61.** 1742. c.aitans.    1743. faintius.    1749. or n'en.    1751.
que voet li hautains dieus.    1756. d.dist li roys.
**62.** 1758. N'ot.

Et aprés sist Clarete Porrus sans alentir
1760 Et dist, "Vöés, amie, pour ces gens acoisir."
"Sire, dist la pucelle, bien m'i vœil obeïr
Et je veu au paon c'on a fait d'or polir
Que les trois prisonniers vourray ceens servir
Aymon et Tholomer et Dan Clin sans faillir,
1765 Ne que je ne verray euls mal faire n'offrir,
Ne parler que tantost ne leur voise gehir;
Et s'on leur faisoit mal j'en vorroie morir.
Plus fort veu ne feray car bien le vœil tenir."
"Par foy, [ce] dist chascuns, dame, il doit bien souffrir;
1770 D'amour vient et de foy et de loyal desir."
Lors ala plus aval Porrus sans alentir
Et tint le paon d'or c'on ot fait restablir.
Devant son oncle vint Melidus sans faillir
Et li dist, "Or vous faut veu promettre et offrir
1775 Et Marcus vous donrra grace de l'acomplir."
Et Melidus respont, "Je le vœil et desir."

### 63

Melidus qui fu freres Clarus d'Ynde Majour
Et oncles a Porrus et au Baudrain d'onnour
Et autant Marcïen qui fu de grant valour
1780 A voé voiant tous a loy de fier contour.
"Seigneur, fait il, je veu a Marcus no seignour
Et au paon d'or fin esmaillié tout entour
Que jeudi au matin aprés le point du jour
Conduirai mes batailles es prés sus la verdour.
1785 Le flun de Salternie passerons sans demour
Le merquedi au vespre moy et mi poigneour;
Dont il est hui mardis, ce scevent li pluisour.
Jeudi au roy des Griex mousterrai Moriflour

---

1760. Li.     1765. je n'orai d'iaus m.dire ne o.     1769. *S1 omet* ce.
**63.**  1780. Avœc devant t.     1782. *W omet* tout.     1788. Et que a.

Et si veu que jamés n'en ferai nul retour
1790 Pour entrer en ma ville ni en ma maistre tour
S'iert occis Alixandre a duel et a tristour,
Ou je y seray occis a grief et a dolour.
Or en face qui vœlt joie, chanchons, ou plour
Qu'autrement ne puet estre par les dix que j'aour."
1795 "Sire, dist Alixandres, mout avés de [fierour].
Onques couars ne fustez ne fiex de vavassour,
Ains estez preus et sages, plains de joie et d'onnour.
Bien savés quant temps est moustrer feste et amour
Et quant vient a l'estrif, crüeus fais sans paour."
1800 "Sire, dist Melidus, se j'ai dit ma folour
C'est qui biau dit, bel oie; goustez ceste savour."
"Certez, dist Alixandres, ne mal dit ne rigour,
N'en say tant comme a ore a vous ne mal errour."

### 64

Quant Melidus ot fait son fort veu perilleus,
1805 Dan Clins seoit aprés, mais il ot entredeuls
Preamuse la belle au franc cuer scïenteus.
[Porrus li dist, "Cousinne, il faut fait soit vos veux."]
"Sire, fait la pucelle, j'ai trop le cuer doubteus;
Moult en sui esbahye car ce n'est mie jeus,
1810 Si li roys a mal veu, le mon pere n'est preus.
Nonpourquant je promet au paon gracïeux
Que jeudi au matin irai es prés herbeus
Dessus mon palefoy vestue de cendeus.
Entre les .ii. batailles ou grant estour crüeus
1815 Ja ne m'en destourra desfensse ne conseus
Car trop seroit mes cuers dolens et angoisseus.
Se mes peres y est et mes freres mortex,
Porrus et li Baudrains, Marcïens li joieus

---

1789. j.ne f.  1790. v.ne en.  1793. q.peut.  1795. *S1* fraour.
**64.** 1807. *S1 omet.*  1808. S.dist.  1816. c.destrois.

Et li frans roys des Griex qui tant est savoureus
1820 Et li per qui sont noble, hardi et scïenteus,
La m'occie qui vœlt car mes fais sera teus."
"Par foy, dïent li prince, vés ci veu merveillieus,
Ains dame ne voa veu si aventureus."
"Certez, dist Porrus, dame, cils seroit traïteus
1825 Qui vous i feroit mal et faus et vicïeus."
Lors Festion appelle Porrus li vertueus
Et dist, "Sire, voés, il en est temps et leus."
"C'est fait, dist Festions, n'en sui pas pereceus."

### 65

La table se teut toute pour oïr Festion.
1830 "Je promet, dist li princes, a ce riche paon
C'on fist d'or restorer ou chastel de Phezon,
Que jœudi en l'estour, qui que soit lait ou bon,
Quant je serai montez sur mon destrier gascon,
Qu'a force de cheval, d'espee et de blason
1835 Occirrai l'un des .vi. sans autre compaignon
Liquel .vi. sont ici; bien nomer les doit on:
C'iert Betis ou Porrus ou espoir Marcion,
Melidus ou ses fix ou li preus Cassion.
Or voe aprés qui vœlt car j'ai dit ma leçon."
1840 Lors taint chascuns des .vi. et rougist com charbon;
De maltalent et d'ire fronchissent le grenon.
Se ne fust pour .i. peu, ja i eüst tençon,
Nonpourquant se rapaisent et coisent leur raison.
"Biau sire, dist Porrus, vé ci .i. veu felon.
1845 Ce n'est pas dit d'ami ne de bon compaignon,
Trop est li veus hautains de faire occision;
Au mains eussiés voé de tüer .i. garçon."
Et respont Festions. "Se j'ai dit mesproison

---
1819. q.moult.   1824. W *omet* dame.   1825. Q.m.v. i f.e.
**65.** 1832. qui qu'il s.   1833. m.riche g.   1834. sablon.
1840. garbon.   1841. f.lor.   1842. f.par .i.   1847. m.euissies dit.
1848. folison.

Et haut veu, j'en cuit bien faire conclusion."
1850 Et respondi Porrus, "Je pri Marcurion
[Que ce ne soi ge mie qui vous fachiés tel don.]
J'aim miex c'uns autrez ait le fait et l'action."
"Ne sai, dist Festions, j'ai dit m'entencion."

### 66

Quant Festions ot dit, Porrus ala avant
1855 Et apella Betis et li dist en riant,
"Sire, fait il, pour Dieu, alés vous confortant.
Vous öés bien les veus qui sont outrecuidant,
Faites veu contre veu, poissant contre poissant.
Nel laissiez pour vo frere Gadiffer le vaillant
1860 S'il est de la partie Alixandre le grant."
"Nenil, ce dist Betis, ains veu des maintenant
A ce rice paon qui est d'or flamboiant
Que je vous aiderai de cuer et de samblant,
De force et de vertu et de desir croissant
1865 Et au faire l'estour premier je vous creant
Jousterai et irai le premier cop ferant.
Et cellui ou premier je m'irai assamblant
Je ne vorrai guerpir ne laissier jusqu'a tant
Que verrai la bouelle ou ses boiax pendant.
1870 Ainssi le ferai mort a la terre gesant,
Mes ce ne say je pas s'il m'ira occisant.
J'ay voé, or refaites voer le remanant."
"Sire, ce dist Porrus, a avoir tel servant,
Tel ami et tel frere, vois ici gaaignant."
1875 "Voire, dist Alixandres, mes g'y vois moult perdant.
Marcus pri que premiers ne me voist pas trouvant."
Dist Antigonus, "Sire, si vous alés muchant
Quant vient a l'asambler derriere non devant."
"Non ferai, dist li rois, onques n'alay fuisant!

---

1849. h.voe je quich.   1851. *S1 omet.*
**66.** 1857. l.deux.   1859. Ne l.   1861. Non faich c.d.B.a.v.tres.
1862. A cel.   1865. a.ferir.   1874. f.voisie moult g.

1880 Or arons nous estour hardi et combatant,
Fier, fort, dur et crüeus, haut et espoentant.
La seront a honneur hardi et bien faisant."

## 67

Joieus fu Alixandres ou il n'ot que reprendre.
"Seigneur, dist li bons roys, or porrons nous comprendre
1885 Bataille merveilleuse, cops donner et reprendre,
Ventres, corps et entraillez, poumons et foies fendre.
La porra on les preus bien cognoistre, entendre
Et tout estes si preu, par les dieus de Poulendre,
Que vos pers n'a ou monde, pour voir le puis reprendre."
1890 "Sire, ce dist Porrus, ains sonmes si plus mendre,
Anchois estez li dur, dont nous sonmes li tendre."
Deromadaire appelle et li dist sans attendre,
"Li veus, fait il, cousine, doit dessus vous dessendre."
"Si voeray," dist celle qui fu d[e g]entil gendre.

## 68

1895 "Je veu et si promet, dist lors Deromadaire,
Que se la grant bataille convient a dur chief traire,
Que mes peres i muire a dueil et a contraire
Mes freres et li autre qui tant sont deboinaire
Que de mon corps vorrai grief sacrefice traire.
1900 [En celle haute tour monteray sans retraire;
Un feu alumerai grant d'espines en l'aire
Et vorrai une espee nue del fourel hors traire,]
Et se cil sont ocis ou hardement s'appaire
Ens ou corps me ferrai qui qu'il doie desplaire
1905 Et puis cherrai ou feu; faite iert itax examplaire

---

**67.** 1884. apprendre.   1888. Et si iestes tant p.   1890. P.anschois s.li m.   1891. Car vous iestes l.d.et n.   1893. v.chiet dessus vous cousinne et doit descendre.   1894. *S1* f.dentil g., *W* d.elle.
**68.** 1899. faire.   1900-02. *S1 omet.*   1904. c.m'en.   1905. feu qui qu'il doie desplaire.

El nom de sacrefice pour mon veu a fin traire."
Et lors n'i ot celi ne baissast le viaire.
"Dame, ce dist Porrus, ce veu fait a desplaire.
Se tout li gent moroient qui sont de ci a Daire
1910 Ne vourroie je mon corps a martire pourtraire."
"Sire, dist la pucelle, on ne le peut desfaire.
Ce qui est fait est fait, c'est coze neccessaire."

### 69

Porrus li fix Clarus Phillote en appella
Et li dist, "Sire griex, voer vous couvenrra."
1915 Et Phillote respont, "Prïer ne l'en faut ja.
Je veu a ce paon, dist il, c'on restora
De fin or esmeré a Phezon par dela,
Que jœudi en l'estour mes corps se prouvera.
Malgré tous les Yndois les bataillez fendra,
1920 Et porterai l'enseigne a no roy qui force a.
Le flun de Salternie passeray par deça
A ceval sans batel, de ce ne doubtés ja!
Et ci en ceste ville li miens corps montera
Et puis en ce castel isnelement venra.
1925 L'oriflambe Alixandre sur la tour posera
Au plus maistre crenel; lueques l'atachera
Si que qui ert es plains bien veïr le porra;
Or s'en garde qui vœlt car enssi en sera."
"Sire, dist Melidus, moult crüel veu ci a
1930 Dont perdrai je ma ville se cils veus a fin va."
Dont oÿssiés murmure chascuns d'eulz conseilla
Conment n'en quel maniere son veu achevera
Et conment le grant flun sans batel passera,
Et conment en la tour aprés monter porra.
1935 "Se les portez sont closez jamés n'i entrera!
Conment mettra il dont l'enseigne a la tour la?

---

1906. a chief t.  1909. Se trestout chil m.  1910. W *omet* je.
**69.** 1915. l'e. fera.  1918. c.s'esprouvera.  1924. en cest.
1925. A.sus.  1930. v.a chief.  1931. Lor.  1936. e.en.

TEXTE 103

  Onques mais chevaliers tel veu ne pourpensa,
  Si fort ne si crüeus, ne say qu'il en sera!"
  Ainsi cil de bataille l'uns a l'autre parla.
1940 Et Porrus passe avant qui le paon porta
  De fin or esmeré ou riche pierrie a.
  Marcïen le Persant Porrus en appella
  Et li a dit, "Cousin, de voer temps sera.
  Marcus li doint honneur qui nous revengera."

### 70

1945 Quant Filotas ot fait son veu et mis a fin,
  Marcïen sist aprés qui tint le chief enclin;
  A parler conmencha a loy de franc meschin.
  "Seigneur, dist Marcïens, or va bien a declin
  Nostre amour et no joie et tourne en grief hustin.
1950 Miex nous eüst valu, Porrus biax dous cousin,
  C'onques veü n'eussiens le roy Alixandrin,
  Ayme ne Aristé, Floridas ne Dan Clin.
  A Ephezon en furent mort maint franc palasin,
  S'i perdites vo pere le viellart Clavourin
1955 Et moult de vos amis dont je ne sai le fin
  Et c'est drois car qui fait a son seigneur traïn,
  Despis ne traÿson, malvaistié ni engin,
  Par raison en doit estre abatus a declin
  Quar les malvaises œvrez donnent le male fin.
1960 Or sonmes nous venu par no crüel destin
  Reguerrïer celli qui tout a mis a fin,
  Alixandre d'Aillier, le franc roy enterin.
  Or va de mal em pis et d'Abel a Caïn,
  Pis avons hui eü que n'eusmez hyer matin.
1965 Encor arons nous pis, pour voir le vous devin
  Et c'est voirs; mes atant soufferrai mon latin
  Et je veu et promet a ce paon d'or fin

---

**70.** 1949. j.se t.a g.  1955. n.faich destin.  1957. m.ne.  1962. l.fort.  1963. A.et.  1965. destin.  1966. e.drois m.a. finerai. 1967. a cest.

Que jœudi toute jour serai ens ou hustin
Es plus fortes batailles et ou plus fier tintin.
1970 Et maugré Alixandre, Lyone et Cormorin
Passeray les batailles armez sor mon roncin,
Ou poing ma grosse lance de fresne ou de sapin.
Jusqu'au tref Alixandre tenrrai mon droit chemin,
Maugré tous les gardans le tref, je vous afin,
1975 Vorrai coper les cordes d'or, de soie ou de lin
Tant qu'a terre charra le grans tref de samin.
Et s'aucuns la devee et me vœult faire engin,
Les testez leur torray a mon branc acerin,
Puis revendrai arriere a l'estour; ci fay fin."

### 71

1980 Quant Marcïens ot fait son veu et dit s'entente
Alixandres parla et dist sans nulle attente,
"Sire, que gaignerés s'abatez jus ma tente?
Vous me ferés donmage mais g'y mettrai attente
Dez nobles chevaliers de proesce excellente,
1985 Dont se vous le batez, ce sera par grief vente."
"Ne sai, dist Marcïen, mais je tendrai couvente."
"Cousins, ce dist Porrus, ceste parole est gente
Or verrons nous jœdi bataille et grief tormente
Forte et fiere et crüeuse, sage, non negligente,
1990 Tant biau destrier occis sur l'erbe et sur la mente,
Tant bouel issir hors de hardie jouvente,
Tant hardi chevalier fraper ou corps a fente.
Qui la veüe aront melentee et sulente,
De sanc et de cervelle et d'angoisse senglente.
1995 Tout ne voue je point par tous les dix d'Ostrente
Si cui je bien donner dez cops .xl. ou trente
Car j'en ai grant voloir et por ce m'i presente

---

1969. p.grant.   1974. les gadrain.   1977. et ne.   1978. La teste li t.
**71.** 1985. v.l'abatés.   1989. W *omet les deux*. et.   1990. s.li erbe.   1993. v.ara.   1994. dolente.

Par le voloir, proesce et par vigour presente;
Si aise en sui pour voir qu'avis m'est que m'i sente."
2000 Quant Porrus ot ce dit, s'apella sans attente
Saigremor[e] qui moult fu gracïeuse et gente,
Et dist, "Vöés, cousine, ne soiés mie lente."
"Sire, dist la pucelle, drois est que m'i assente."

### 72

"Je veu, dist Saigremore, et couvenent tendrai
2005 Que de ce mengier cy quant souppé averay,
En la chambre amoureuse tantost m'en enterrai
Devant Mars et Venus et si les aourray
De cuer parfaitement et ummilïeray.
Si leur plaist que l'estour facent mettre a delay
2010 N'avec que pain et yaue certes n'en mengeray
Devant que la bataille achevee verray.
Ne la u je puisse aussi, goute ne dormiray,
Ains par nuit et par jour tout adés prïeray
Que mon pere et ma mere esquïent de mal assay.
2015 Porrus et le Baudrain dont suy en grant esmay,
Marcïen et Betis y acompaigneray.
D'autrepart pour le roy trop dolente seray
Se li roys y est mors quar moult a le cuer vray
Et si per qui tant sont amoureus, dous et gay."
2020. "Grant mercis, dist li roys, moult grant gré vous en say.
Bonne prïere voault car bien esprouvé l'ay."
"Sire, dist la pucelle, et je l'achieveray
S'il plaist Mars et Venus a qui sui et seray."

---

1999. v.qu'il n'est nus qui m. 2001. *S1* Saigremors, *W* q.f.m.
**72.** 2004. d.la pucielle. 2005. d.cest. 2009. m.en. 2010. c.ne m. 2012. N. u j.p.a.nul point n. 2013. p.jours. 2014. et mon frere eskuit. 2018. gai. 2020. m.boin. 2021. v.moult c. 2022. p.car.

## 73

      Quant Saigremore ot dit la pucelle jolie
2025 Buchiforas parla quar Porrus l'en aigrie,
      Et cils en qui manoit fiere cevalerie,
      Proesce et hardement, honneur et courtoisie,
      Dist, "Je veu au paon qui est d'œvre polie
      Qu'Edea restora, la dame seignourie,
2030 Qu'en la grande bataille jœudi ains l'anuitie
      Querray tant Alixandre par la lande enermie
      Que jo le trouverai et puis par arramie
      Li donray si grant cop de m'espee fourbie
      Qui lui et son cheval enmi la praerie
2035 Coucheray en .i. mont, qui qu'en plourt ne qui rie.
      Puis brocheray avant mon destrier d'Orcanie;
      Sur li chevaucherai, soit savoirs ou folie
      Mais tant ne sai je pas s'il perdera la vie."
      "Nennil, respont li roys, s'il plaist a Dyanie
2040 Coy que soit du chaïr la mort ne vœil je mie."
      "Sire, dist li dus Aymes, notez ceste envaye;
      Li Baudrains ne fist onquez si fort de la moitie.
      Cils ci vous gettera d'un cop par felonnie
      De s'espee a la terre voiant vo baronnie
2045 Puis marcera sur vous; ciertez c'iert dyablie.
      Ainquez tels veus ne fu par les diex de Medie
      Du meilleur dez milleurs q'uns hons ainssi deffie."
      "Pour quoy, dist Alixandres, ce n'est pas faerie;
      En est pas a mes rains ma grant selle atachie
2050 A ciment ne a fer ne a corde loije."
      "Nennil, dist Porrus, sire, bien est vostre estudie."
      Antigonus appelle et dist a chiere lie,
      "Vöés, sire grejois, dites vostre envaye."
      Antigonus respont, "Ne faut ja c'on m'en prie
2055 Quar j'en ay la matere tout maintenant puchie

---

  **73.** 2035. qu'en pleure ne r.    2036. d.de Surie.    2038. M.ce.
2039. N.ce dist.    2043. p.ahatie.    2051. N.che d.P.boine e.    2054. f.pas.

En oyant ce vassal qui luec en droit colie,
Buchiforas a nom et est de vo partie;
Mais je veu et promet au roy de Mazonie
Et au riche paon qui est d'œvre jolie
2060 Que jœudi a l'estour, ains l'eure de complie,
Presenteray au roy qui les Grigois maistrie,
Le brach a tout l'espee et l'espaulle empartie
Dont il fera le roy par [si] fiere araamie.
Et se je fail, de ce Dix me doint courte vie;
2065 Onques mais hons ne dist tele oultrecuiderie
Et par no dieu Marcus l'œvre en sera merie.
Se vos marchiez sur li du destrier de Surie
Vous perderés le brach et l'espee fourbie."
Buchiforas respont, "Ce ne demant je mie.
2070 Beneois soit vos corps, laissiez ceste curaidie
Quar vous avez fait veu lointain de couardie
Enflamé et ardant par volenté hardie.
Or gardez bien que l'euvre soit par vous acomplie
Car li miens cuers ert fais, je vous jur et affie."
2075 Lors ot grant parlement en celle compaignie,
Li uns d'escausfement, l'autre de courtoisie.
Mengié ont, puis lava la noble baronnie,
Puis burent. Ainssi ont finé leur vouerie
La u il a poi d'amour es assés felonnie.

## 74

2080 Li veu sur le restor sont fait et acompli,
Les tables sont ostees, errant sonnt sus sailli.
Congié a pris li roys et trestout si ami;
Ayme le duc d'Arcade appella sans detri,
Dan Clin et Tholomer et leur a dit ainsi,

---

2056. o.cest v.q.illœcques c.   2059. *W omet* est.   2060. j.en.
2062. et l'espee e.   2065. C'onques.   2070. c.laissons c.aramie.
2071. *S1* 2072/2071, *W* et en a.de v.   2076. la riche.   2079. U
il ot p.
**74.**  2080. s.voé a.

2085 "Seigneur, ne vous ennoit se vous demourés ci.
Se Dieu plaist, vous raray briefment par aucun si."
Respont Ayme li dus, "Si fait, je vous affi
De ce que ne serons ou grant estour fourni
Ni es ruistes batailles ou chaple n'en l'estri.
2090 Nonpourquant forment conmez durement resjoÿ
Des souffissans pucellez qui nous confortent si."
Aprez ce parlement li boins roys s'en parti;
Caulus et Aristez, Floridas et Daurri,
Festions et Philotes, Antigonus aussi.
2095 Gadifer et Phezon avœc le roi verti
Au partir ont les dames durement conjoï,
Le roy ont encliné conme il affiert a li.
Et li roys devala le grant rochier naÿ,
Le flun de Salternie passa a bac furni.
2100 A son pavillon vint ou li ors resclarsi
U moult bien le receurent si honme et si ami.
Des or entendera li roys au cuer hardi
D'ordener ses bataillez et l'estour agrami
Et a ce poseront cil de la ville aussi.

## 75

2105 Porrus et li Baudrains a la fiere doctrine,
Betis, Buchiforas qui hardement doctrine,
Melidus, Marcïens ou proesce est voisine
Ainssi celle nuitie passerent a termine.
Deci a l'endemain que chaÿ la bruïne
2110 Que lassus se leva celle gent melidine.
Le merquedi estoit si com l'estoire affine,
Dont l'endemain faloit la bataille estre acline;
.VJ. batailles ordennent la gent buchiforine.
Melidus appella Porrus de fiere orine
2115 Et li a dit, "Biaus niés, je vous doing et destine

---

2086. r.encor p.a. fi.   2089. Ne.   2097. r.et.   2104. ce se pourpensent c.
**75.** 2106. B.u h.aclinne.   2113. o.les gens.

La premiere bataille es prés sur la gaudine
Si averez .xx. .M. de vo gent formorine
A branc et a escu et a lanche sapine.
N'alés pas belement mes a franche courine;
2120 Qui asprement assaut li sages nous destine
Qu'a moitié est [matee sa] partie adversine.
Et vous, sire Baudrains, que part droit a cousine,
Conduirés la seconde avœc vo gent baudrine
.I. poi loing de Porrus —le giet d'une perine—
2125 Et vers le coste destre, lés l'yaue clere et fine
Aura Betis la tierce o sa gent phezonine,
Pour ce que moustrer doit du premier cop le signe
Sera il lez Porrus auques sus la costine.
Ainssi ces .iii. batailles conmenceront l'estrine
2130 De l'estour a la gent c'on dist alixandrine."

### 76

"Cha, Marcïen, biaus niez, filz de ma suer germaine,
De la quarte bataille vous fais le capitainne
S'arés vo gent de Perse qui est hardie et sainne
A lance et a escu, a targe de balainne.
2135 S'irés .i. poi avant a la main senestrainne
Tout belement le pas serrés com poil de laine.
Et vous, Buchiforas, biax fix, je vous estrainne
De la quinte bataille contre la gent grevainne.
Tout audessus amont lés la riviere plainne
2140 Aclorés Alixandre et sa gent tresmontainne
Et s'il vous font enuy, si leur refaitez painne;
Se leur gent est amere, la vostre soit vilainne.
Vous en merrés .xx. .M. de vo poissant demainne.
Et je ferai derriere la [siste] chievetainne

---

2116. p.sus.   2117. S'arés xx mille honmes d.v.g.fomorinne.   2118.
As brans et as excus et as lanches sapinnes.   2119. m.par fiere couinne.
2121. S1 e.ma terre leur p.   2123. Vous menrés l.s.a.v.g.baudine.
2125. Et sus l.c.d.viers l'y.   2128. a.sous.   2129. A.les.
**76.** 2131. f.m.serour.   2134. As lances as escus as targes.   2136.
l.p.sierre.   2140. Enclores.   2143. e.menres xx mille de no p.
2144. S1 la quinte.

2145 O ma gent d'Ausfanie, d'Inde et de Val Forainne
Serrés seürs et fiers tres enmi la grant plainne.
Et pour nos dix Marcus, Venus et Dyanainne
Maintenons nous si bien et endurons tant painne
Qu'aprés no mort en soit noncié œvre certainne."

### 77

2150 "Seigneur, dist Melidus, or ay je ordenees
Mes batailles a point et les voies moustrees,
Conment ellez seront misez et atornees
Et conment les ensaignes seront au vent levees.
Et nous n'avons qu'ester, biau seigneur, atornees,
2155 S'isterons de la ville et enterrons es prees.
Et il respondent, "Sire, nous ferons vos pensees."
Lors veïssiez saisir escus, haubers, espees,
Destriers et dromadairez o les crupes triulees.
De la grant cité ont les rochez avalees,
2160 A l'yaue sont lez nez plus de mil aprestees.
La veïssiés passer gens de toutez contrees:
Indois, Persans, Baudrois, belles sont les armees.
Les .vi. baitaillez sont oultre flun passees
Avant que nonne fust et toutes aünees,
2165 Et en ces .vi. batailles, qui les eüst contees
Trouvast on .C. mile honmez atant furent esmees.
Les .vi. batailles sont a une part tornees;
Cascuns d'euls comprent terre contreval les vallees.
La peüssiés oïr grant bruit et grans criees,
2170 Grant noise et grant bestenc et moult fieres huees,
Tant escu, tante lance, tantez targes dorees.
Sonnent corps et buisines et mainnent grans posnees
Tabour, frestel, naquaires et trompes attemprees
C'on oïst bien le bruit .iiii. lieues passeez;

---

2145. et d'aval f.   2147. M.et V. et Dyainne.   2148. et e.tel.
**77.** 2152. ordenees.   2155. et s'e.   2156. f.vo.   2157. e.lan-
ces.   2160. lez neis.   2163-66. W *omet*.   2170. m.fiere.   2172.
huees.   2173. atrompees.

2175 L'yaue en retentist, les roches et les prees.
Ainssi ont li Yndois leur batailles fremees
Pour ce que l'endemain soient plus aprestees.

### 78

Betis, cil de Fezon lez le flun qui fu grans,
Se loga au plus pres qu'il pot de ses Grevans.
2180 Tost ot on tendu tentes, tres, ocubes, brehans.
Plus aval fu Porrus a .xx. mil combatans,
Hardis et courageus, fiers et entreprenans,
Armés d'aubers, d'yaumes, vestus de jaserans.
Et .i. poi vers senestre pres des bois verdoians
2185 Est Cassïaus de Baudres et ses Baudrains poissans,
Fors, fiers, durs et crüeus, establez et ardans.
Marcïen d'autrepart avœcques ses Persans
Fait la quatre bataille; moult est preus et vaillans;
Buchiforas aprés, delés l'yaue courans.
2190 Cils sieut Betis de pres a .xx. .M. d'escrïans
Et Melidus derriere aussi est arrestans;
Cils fait l'arriere garde d'Yndois et d'Amorgans.
Ou milieu des batailles fu assis a plains chans
Li estandars qui fu biax, jolis et plaisans;
2195 Sur .iiii. lyons d'or fu l'estendart seans.
La verge est d'ybenus, grosse, pleniere et grans,
De saffir fu couverte et de rubis ardans,
De grosses escharboucles et de clers dyamans
Et au bout de la verge qui haut s'estendans
2200 Mars li dix des batailles illuec estoit seans,
Fais fu du plus fin or du regne aus Affriquans;
Grans, drois, bien figurez et est [au vent] tournans,
Et tentoit une espee blanche, clere et tranchans

---

2175. Li aigue. 2176. Y.les.
**78.** 2180. tentes au c.et b. 2183. d'aubierc et d'yaume d'escus de.
2185. B.o.s. 2190. .M. combatans. 2192. et de Morgans. 2197.
D.saphirs. 2199. h.iert e. 2200. b.illuecques est s. 2202. *S1*
est avœc t., *W* d.et f.est a.v.tournoians.

Dont manacent Caldains, Gregois et Gormorans.
2205 Entre les .ii. yex ot qui bien li fu seans
Une clere escharboucle qui vaut .C .M. besans
Si clere que chascuns en iert par nuit veans.
C'est la li estandars Melidus qu'est poissans;
La se rassembleront quant il en sera tans.

### 79

2210 Ainssi ont atourné li Baudrois leur atour,
Persant et Phesonois et cil d'Ynde majour.
La oïssiés tentir trompes et maint tabour,
Cornemuses, naquaires et mener tel [freour]
Que li mont et li val ententissent entour;
2215 Les yaues en fremissent, li pré et la vredour.
D'autrepart sont li Grieu et li Machidonnour,
Arrabis et Caldain et li Superiour.
Li fors roys Alixandres qui tant savoit d'onnour
En appella sa gent et leur a dit, "Seignour,
2220 Il est tamps que faisons des or mais nostre atour.
Yndois sont adoubé, il n'ont mie paour,
Or vœil .iiii. batailles atourner sanz retour.
En chascune .x. .M. seront de poignaour;
.XL. .M. avons qui tout sont guerreour.
2225 Il en ont bien .C. mille, mais n'en doins une flour;
J'aim miex un poi de boins qui ont cuer et valour
Que .C. temps de malvais, par les diex que j'aour.
Ça, sire Gadifer de Phezon, par baudour
Je vous fais gouverneur de ce premier estour,
2230 Si conduirés vos gens de Phezon sans foldour;
Gardés que haubers aient, escus et oriflour,
Hyaume, espee et clavain et destrier missoudour.
Sires, tout belement et par sens de savour

---

2204. D.manache Caldius G.   2206. q.bien v.mil.   2208. M.le p.
**79.** 2213. S1 frerour.   2215. f.et l.p.tout entour.   2221. Andoi s.a.i.n'o.m.freour.   2222. sejour.   2223. c.s. .x. mille p.   2225. Et i.e.o. .C.   2228. amour.   2229. V.fai ge g.d.cest.   2231. q.haubiert.   2232. Yaumes, espees, clavains.   2233. b.p.s.et par s.

Lés la rive de l'yaue serrez conme une tour."
2235 "Sire, dist Gadiffer, grant mercis de l'onnour;
Je m'i cuit bien prouver s'il plaist au sauvaour."

## 80

Puis dist a Festion li roys machidonoys,
"Venés avant, amis, conme preus vous cognois.
Vous voastes lés moy que mors iert li Baudrois,
2240 Marcïen ou Betis ou Porrus li Yndois,
Melidus ou ses fix qu'a non Buchiforois.
De la seconde armee vous ert fais li otrois
Se averés .x. .M. de mes armes gregois
Qui onques ne fuïrent d'estour ne de tournois.
2245 Si sivés Gadiffer vous et vos gens estrois
Et le sivés de pres, bien au giet d'une nois."
"Sire, dist Festions qui fu preus et courtois,
De vous en merchïer est bien raisons et drois,
Et s'il plaist a Marcus mes vous traira abois."

## 81

2250 Li rois de Machidoine hucha Antigonus,
"Venés avant, fait il, mes amis et mes drus,
Qu'a Melide voastes par devant Melidus
Qu'a moy iert presentés li bras Bulchiforus
Et l'espee et l'espaulle dont je seray ferus.
2255 De la tierce bataille vous donne les creüs
Si aurés avœc vous jusqu'a .x. .M. escus
Armés d'aubers, de lances et de hyaumes agus
Montés sur boins destriers ausferans et grenus.
Si soiés vers senestre enmi les prés herbus

---

2234. y.sieret.
**80.** 2239. Qui.  2242. v.est f.vos o.  2243. S'arés o vos .x.
2247. q.p.f.e.  2248. D.v.m.ent est.  2249. M.men veu trairay anois.
**81.** 2251. a.dist.  2254. l'espee o.  2255. d.le.  2256. v.dus-
qu'a .xx. mille.  2257. hiaume d'escus.  2259. S.serés pries de moy e.

2260 Et laissiez l'yaue a destre et alés pas menus;
Serrés joint et estraint com soif ou com palus."
Dist Antigonus, "Sire, tout le tresor Artus
Ne prenroie por ceste honnour qui m'est creüs."

### 82

"Seigneur, dist Alixandres, bien ordené vous ay
2265 Conment n'en quel maniere ferés a euls assay.
Je la quarte bataille derriere conduirai;
Ceuls d'Arrabe et de Grece et de Caldee auray;
Jusqu'a .x. .M. ou plus serrés les mainterray.
Aristé de Valestre a mon frain metteray,
2270 Lyone et Flouridas et Caulus que chier ay;
Perdicas et Daurray avœques [moy] tenray.
Au vaillant Philotas m'ensaigne bailleray
Car devant moy voa, que je bien l'escoustay,
Qu'il passeroit ce flun dessus son cheval bay
2275 Et portera m'ensaigne si que bien le verray
En la tour a Melide. Por ce li bailleray
Quar s'il son veu achieve, la cité gaigneray.
.I. petit la avant mon estandart feray,
Faites li maintenant drechier sans nul delay.
2280 Appareilliés vos corps, nul millour fait n'i say
Quar nous n'avons qu'atendre; li jours va a delay
Et pensons de bien faire; plus ore n'en diray."

### 83

Or a li roys des Griex ordené tout a plain
L'estour et ses batailles conment seront u plain

---

2260. E.lairés.  2261. S'ieret j.e.e.conme s.o.p.  2263. p.mie de l'h.
**82.** 2265. l'assai.  2268. conduirai.  2271. SI a.t.  2273. b.e.  2274. ce fleuve.  2276. la court.  2277. Q.se s.  2279. li tost d.m.s.d.  2280. S'a.v.c.n.m.tour.  2282. Si p.au b.
**83.** 2284. et les.

2285 Et qui iert avœc lui pour conduire son frain.
Ainssi sont toute nuit sans dormir poi ne grain;
Chaut faisoit et souef, cler et douch et serain
Et cil qui sont lassus ou palais Dyanain
Aymez et Tholomers, Dan Clins au cuer certain
2290 Regardent les batailles ou il ot maint Caldain,
Alixandre et Philote, Festion et Furbain
Et d'autrepart revoient Porrus et Marcïain,
Betis, Buchiforas, Melidus, le Baudrain.
En l'estour se soushaident li .iii. prince demain
2295 Mais il n'i puent estre, leur souhait sont en vain.
Et Clarete les sert de lié cuer et hautain
Car elle le voa au paon de sa main;
Moult fornist bien son veu par honneur tout a plain.
Et Saigremore aussi en qui n'ot pas desdain
2300 Est par devant Marcus leur dieu et fait son claim.
A genouls doucement faisant duel tresmontain
Em priant que n'i muirent Yndois, Grieu ne Caldain,
Et avœc ce jœune elle et en yaue et en pain.
Et Deromadaire est en l'estage hautain
2305 De la tour merveilleuse ou grant ponmet d'estain
Et la fait toudis feu grant, ardant et vilain
Et si tient une espee adés nue en sa main;
Sacrefice fera de son corps pour certain
Se pour combatre sont Grejois d'Yndois prouchain.
2310 Et Preamuse aussi qui a cuer douch et sain
Sus son palefroy monte et prist par le lorain;
Cointement fu paree d'un dyaspre lontain.
De la chité avale; en son puing tint .i. rain
Et a l'yaue passee tant qu'elle vint au plain,
2315 Entre les .ii. bataillez s'estut lés .i. cauvain.
La nuit va a declin, l'aube crieve a par main,
Lors en conroy se mettent, ne sont mie soudain.

---

2286. d.point. 2287. et sieri c.souef et s. 2294. ciertain.
2296. Cle s.d.cler c. 2298. h.souverain. 2299. o.point. 2301.
treslontain. 2303. ce june. 2305. g.pumel. 2306. f.a.g.et.
2309. Et. 2312. Sour. 2313. e.sa main. 2315. s'estus.

## 84

La nuit est declinee et li jours apparus.
Les trives sont faillies quant joeudis est venus;
2320 Cascuns est aprestez si bien qu'il ne peut plus.
En l'ost Melidus ot plus de .C. mile escus,
.XL. .M. en a li roys machidonus.
Gadiffer de Phezon s'est premiers apparus,
D'autrepart la premiere bataille avoit Porrus
2325 Mais Betis s'avança qui tant fu esleüs
Tant qu'il fu tout devant o .x. mil de ses drus,
Quar il avoit voé a Melide lassus
Que li premiers cops iert le jour par lui ferus,
Et que celui a qui premier seroit venus
2330 Ne lairoit jusqu'a tant que mors iert estendus.
Pour ce chiaus et ardans est avant esmeüs
Et tient la grosse lance dont li fers est agus
Voit son frere venir qui pas n'est recreüs;
Li uns ne cognoist l'autre, ne ne s'est perceüs.
2335 Sonnent corpbs et buisines et calemiax menus,
Trompes, tymbres, tabour, naquaires au surplus
Si font qu'en retentissent l'yaus et li prés herbus,
La cité de Melide et li palais marbrus.
Et li .ii. frere viennent chascuns par grant vertus.

## 85

2340 Par de dessous Melide ou grans estoit le prés
Ounis s'est drois et vers, longs et bien arrasés
Approchent les batailles et viennent de tous lés.
Devers l'ost au Yndois vaist Betis li membrés

---

**84.** 2318. d.l.j.est a.  2322. en ot.  2323. P.e.  2326. d.a. 2328. il l'a.  2328. i.p.l.le j.  2332. e.tint.  2333. q.n'e.p. 2334. u.ne connut l'a. n.n.s'e. appierchus.  2336. timbres n.et tabours a.  2337. r.et bos et preis.  2339. Car.
**85.** 2341. Onnis ses d.e.v.l.e.b.arcases(?).  2342. et brochent.

Desirans d'acomplir son veu qui fu voés;
2345 D'autrepart Gadiffer dont n'est pas ravisés.
A l'aprochier se fierent sur les escus dorés,
De corps, de pis, de force et des fers amourés
De hyaumez et d'aubers, de bras et de costez,
De force et de vertu des destriers sejournés
2350 Si angoisseusement et par tels cruautez
Que chascuns de sa selle est cheüs et versés,
Sa selle entre ses jambes aussi qu'il fust plantez.
Mais la fu Gadiffers de male heure arrivés
Li biaus, li preus, li sages, li fiers, li redoubtez.
2355 Hé! las! com grant donmages de .ii. freres membrés
Quar Betis li siens freres a cui fu adjoustez
L'ataint desous l'escu ou ventre a l'un des lés
Si que parmi le ventre fu li grans fers passés,
Durs, trenchans et agus et lons et affillés
2360 Si que hors en sailli li sans noirs et betés
Et li boiel du ventre pendirent a tous lés.
Hé! las! com grans donmagez qu'ainssi est attournés
Uns des boins chevaliers qui onques jour fust nés.
Betis se releva qui pas n'estoit navrés
2365 Mais lever ne se pot Gadifer li doubtés
Quar li boiel li saillent noir et ensanglentés.
Betis en haut s'escrie, "Mes veus est achievés!
Li premiers cops est fais et s'est mors et oultrés
Li chevaliers a qui je me fu assamblez.
2370 Je ne say qui il est mez moult ot de fiertez."
Gadiffers ot ces mos qui moult fu alozés;
Son frere recognut qui Betis fu nonmés
Qui en tel point l'ot mis que jamais n'iert amés;
Doucement li a dit, "Ha, frere, mort m'avés!
2375 Maintenant vous cognois, mes trop tart est d'assez."
Quant Betis ot ces mos tous en est effraés.
Vers son frere s'en va et dist. "Que demandez?

---

2348. D'yaumes et de haubiers.    2349 v.de.    2350. p.tel.
2351. c.envierses.    2352. a.c'on.    2353. M.or.    2355. carnés.
2356. C'est B.l.s.f.a c.f.armés.    2359. a.et bons.    2366. W *omet*.
2369. m.sui assenés.    2373. armés.    2374. d.Hé.

Dittes qui estez vous, qui fu vos parentez?"
"Certez, dist Gadiffers, vos freres sui carnés;
2380 Gadiffer du Larris, cils nous ot engenrés.
Cassamus fu nos onclez, li vix chanus barbés."
Quant Betis ot ces mos, li sans li est mués,
Adont devint si pales et si descoulourés,
Si mas et si destrains et si [mal atournés]
2385 Que de la grant angoisse chaï sur li pasmés.
Ce n'est pas de merveille s'il fu desconfortés.

### 86

Or a jousté Betis et a son frere mort
Dont moult grant duel demainne et se demente fort.
"Aÿ, frere, fait il, est ce par mal ennort
2390 Que je vous ay tué? Las! vés cy desconfort.
Il n'est nuls hons el monde qui jamais me confort.
Aÿ, frere gentiex, d'onneur et de deport,
De joie et de soulas et de gracïeus port
En tous liex par vo sens faissiés d'onneur raport.
2395 Las! or estez venus a trop dolereus port;
Mort vous ay et occis par mon negligent tort
Dont li cuers me tressue ens ou ventre et detort.
Hé! las! frere gentis, qui me fera confort?"
"Frere, dist Gadifers, ne faitez plus descort;
2400 Bien say qu'a escïent n'avés pas fait ma mort,
La mort preng en bon gré sa morse et sen remort."
Et [aprés] ce mot, la mort, par son esfort
Prist li preus Gadiffer qui corps ot dur et fort.
Et Betis se demente sans prendre nul acort
2405 Si angoisseusement qu'il n'a nul reconfort.

---

2378. q.est. 2384. *S1* si descoulourés. 2385. de sa.
**86.** 2389. f.dist esse p. 2390. cy grant descort. 2392. f.gentis.
2400. *W omet* qu'. 2401. et son amort. 2402. *S1* Et a pris c.
2404. confort.

## 87

Moult fu dolens Betis pour l'amour Gadiffer;
Il n'est nuls s'il veïst le vassal demener
Qu'il ne le couvenist larmoier et plourer;
Tant demainne grant duel c'on ne le puet penser.
2410 Son frere prist a plaindre et a fort regreter,
A gemir, a detordre, a braire, et a crïer,
A maudire ses bras qui ont volu jouster.
Moult se plaint longuement, mes plus n'en vœl parler.
Vers son destrier revint, es archons va monter;
2415 Ainssi c'ons arragiés prist forment a jurer
Que mais parent n'ami ne vorra deporter
Conte, prince ne dus nis le duc d'oultremer;
La mort a son chier frere leur fera comparer.
S'il pooit Alixandre detrenchier ne tüer
2420 Son frere aroit vengié, ce li vint en penser.
Lors se refiert es rens et a trait le branc cler.
Un Grejois encontra; tel cop li va donner
Que jusquez es archons son branc li fait couler.
A .i. secont Caldain fait la teste coper
2425 Et .i. Machidonois va aprés encontrer.
Cousins fu Alixandre, moult le pooit amer;
Au travers du vibuis le va tel cop frapper
Qu'espaules et la teste li fait tout reverser.
Puis escrie, "Effezon!" quanquez il peut hüer.
2430 "Mors est, fait il, mes Gadifer, freres au vis cler,
Mais ains vespre cuit bien sa mort remunerer."
Ainsi que Betis fait les auquans reverser
Ont pris cil de Phezon Gadiffer sans tarder.
Dolent, tristre et grevain en cuer et en penser
2435 Sus .i. escu le mettent et puis l'en font porter

---

**87.** 2406. M.d.f.  2410. et f.a r.  2414. d.s'en vint.  2417. d.ne le roy d'o.  2419. d.et.  2421. Dont s.r.e.r. si.  2423. a.li f.le b.c.  2424. Et apriés un C.  2427. En.  2428. La t.o les espaules li f.jus r.  2430. e.dist i.m.f.G.a.  2431. c.si s.m.guerredonner.  2435. e.li misent.

Au grant tref Alixandre et la le font garder.
Et les batailles viennent l'une a l'autre adjouster
D'air, de cuer et de force et sans point couarder.
La veïssiés Porrus contre les Griex capler
2440 A tout .xx. .M. Yndois qu'il ot a gouverner.
Festions li revint qui cuer ot de sengler
A tout .x. .M. Caldains et s'a fait assambler
Les gens a Gadifer que mors a fait finer.
La peüssiez veoir tante lance quasser,
2445 Tant fort escu perchier, tant targe troer,
Tant riche parement derrompre et decirer,
Tant jaserant desjoindre, tant haubert desnoer,
[Et tant haubierc trelliet desrompre et dessarter,]
Tant bon destrier cheïr qui ne puet relever,
2450 Tante riche baniere contre vent freteler.
Griex et Yndois d'espees veïssiez marteler
De sanc et de cervellez la terre ensanglenter,
De boielle et d'entraillez honnir et melenter,
Foies, ponmons gesir et testez en sanc cler,
2455 Bras, piez, jambez, espaulez trebuchier et versier,
Tant noble chevalier contre terre adenter,
Et marchier dessus li, chevauchier et passer.
Sonnent tabour et trompes et tymbre haut et cler,
Estives, cornemusez, coradois d'outremer.
2460 La oïssiez buisines et ces grans cors corner,
Naquaire et gros tabour, ces fretiaus freteler,
Les navrés braire haut, dementer et hüer,
Ces espees tentir sus ces hyaumes d'or cler,
Ces lances et ces dars froissier, fraindre et froer.
2465 Si tres grant noise font que terre, bos et mer,
Roche et riviere et tours en ot on ressonner.

---

2437. jouster.  2445. Et t.e.p.et tant espiu fausser.  2446. r.garnement.   2447. T.riche j.et desjoindre et traver.  2448. S1 *omet.* 2449. ne pot.  2449.1. Et tant boin chevalier contre terre adenter. 2453. D.boielles.  2455. P.j.b.e.contre terre jeter.  2456. Et tant boin c.trebuchier et vierser.   2460. *Voir notes.* W Si oissiez nacaires et fretiaus freteler.   2461. Cor d'arain et buisinnes petis mouvans (?) sonner. 2462. h.gemir et dementer.  2463. t.sour.  2464. d.et ces espius frœr.  2465. t.font croller.  2466. Roches rivieres t.

Porrus cerre les rens, qui ne vœult couarder;
Quancqu'il ataint a cop convient a terre aler,
Quatre Grejois a fait a .iiii. cops finer.
2470 Festion va querant qu'il ot oÿ vouer
Que des .vi. plus preus, l'un vorroit le jour tüer.
"Ou es tu, Festion? dist Porrus. Vien chapler;
S'achever veuls ton veu, si vien a moy jouster."
Festions l'entent bien, en qui n'ot qu'aïrer.
2475 Le destrier esperonne, les saus li fait aler
[Et il li va bruiant que tierre fait croller]
Et a brandi la lance, bien s'en sot demener.
Et Porrus li revient qui en ot desirer,
Ja feront une jouste obscure a regarder.

### 88

2480 Crüeus sont li bestenc et aigre li estour;
Les batailles sont fieres et bon li fereour
Et d'une part et d'autre meurent a grant dolour
Cil de Grece et d'Arrabe et cil d'Ynde Majour.
Festions point et broche le destrier missoudour,
2485 Ou puing la grosse lance garni de grant fierrour,
Et Porrus li revient qui n'ot mie menour.
Des lances se fierirent es escus pains a flour
Mes li clavain sont fort et treillié tout entour
Si que rompent les lances et envolent li tour.
2490 Mes Porrus enpaint si Festion sans demour
Que du cheval l'abat u pré sus la vredour,
Et puis s'en passa oultre, criant, "Ynde Majour!
J'ay abatu celli qui voa par folour
Qu'a l'um des ·vi. plus preus des nos feroit tristour;

---

2467. P.cierke l.r.q.n.vot.   2468. il consiut a c.c.par.   2469. .IIJ.
2470. q.cui il o.   2471. Q.l'un d. .vi. p.p.v.   2474. l'entendi qui fu
et preux et ber.   2475. e.dis espourons d'or cler.   2476. *SI omet.*
2477. Il a brandie l'anste b.le s.d.   2478. P.respouronne q.o. cuer de
sengler.
**88.** · 2486. l.revint.   2487. escus poins.   2489. et en rompent.
2491. p.a.   2494. p.p.de nous.

2495 La vie li torroit, mes pas n'en ay paour."
Et Festions remonte au destrier ambleour,
Dolans et corouciez et plains de mal errour
De ce qu'il est cheüs a honte et deshonnour.
.I. Yndois va ferir, mort l'abat sans trestour,
2500 Le secont et le tiers car moult ot de vigour,
Puis escrie l'enseigne au roy machidonour.
Dont s'esforcerent Grieu qui moult ont de valour
Et assamblent Yndois environ et entour,
Traient, lancent et gietent a maint Superiour;
2505 La veïssiez bataille maintenir par baudour.
Yndois sont reculé le trait d'un arc d'aubour,
Buchiforas le voit, au cuer en ot tristour.
Lors esmut sa bataille et cria, "Soriflour!"
Li Baudrains d'autrepart broche le misodour;
2510 Li et sa gent de Baudres dont il ot moult le jour.
D'autrepart Marcïen de Perse au corps d'onnour
Conduit plus que le pas ses Persans vers l'estour.
Ains revint Melidus qui moult ot de valour
A tout .xx. .M. Yndois qui peu ont de cremour.
2515 Les batailles se fierent ou chaple par vigour
Et d'autrepart chevauche le gent l'empereour.
Antigonus o ceuls qu'il mainne en son contour
Et puis vient Alixandres, encor n'y say millour.
Philote et Aristez, Caulus et Valcadour,
2520 Floridas et Daurris, Perdicas sans destour,
Tout d'un costé et d'autre sont mis en .i. estour.
Lors conmença bataille garnie de dolour.
La achatent et paient au branc nu de coulour,
Fierent, jouent et lancent et traient dart a tour;
2525 Sonnent cors et buisines, trompes, tymbre et tabour.

---

2495. Et li t.la v.m.   2496. courreour.   2497. de grant.   2498. W *omet*.   2499. tristour.   2500. W *omet*.   2501. e.s'e.   2502. D.s'efforchent.   2503. Et assallent Y.e. tout e.   2505. vigour.   2507. irour.   2508. et crie.   2510. ot maint.   2512. s.parens.   2513. Puis r.M.q.ot m.d.   2514. M.Yndoiens.   2515. c.tout entour.   2517. A.ot.   2518. p.vint.   2520. W *omet*.   2521. d'une part et.   2523. Lors   2524. Joustent f.et l.et gietent d.   2525. S.trompes b.timbre cor et t.

## 89

    Es prés dessous Melide ou grans est li tarrax,
    Ounis, grans et pleniers, drois et lons li preaux,
    Sans roche et sans buisson et sans mons et sans vaus.
    La fu grans li estours et ruites li chembiaux
2530 Quar tout adés esforce li bruis et li meriaux:
    Des hyaumez font enclumez et d'espees martiax.
    En celi jour disna li grans puepplez royaux
    A la tour hardement avœquez les ymaux
    Et si disna proesce et vigueurs avœc yaus,
2535 Volentés les servi et desirs fiers et chaux.
    La fist si bien disner hardement les loiax
    Qu'a terre veïssiez testes et hateriaux,
    Bras, espaules et piés, baulevres et cerviaux,
    Ponmons, foies, corees, entraillez et boiaux.
2540 La fu mors mains destriers et maint riche chevax,
    La veïssiés banieres derrompre et penonciaux,
    Brans d'acier, de picher, espees et coutiaux,
    Haubers et gorgeretes et hyaumes a esmaus,
    Navrez crïer et braire a flos et a monciaux
2545 Ces riches paremens desrompre par bendiaux.
    La fu mort tant prodons et tant riches vassiaux,
    La fu occis tant quens, tant dus, tant admiraus,
    La assaillent Yndois, et Grieu viennent contre yaux
    Et tout adez sonnoient trompes, flagol, fretiaux.
2550 Porrus crie en haut, "Ynde," et "Baudre," Cassïaux
    Et Melidus, "Melide". Ci fait Buchiforaux.
    Marcïen crie, "Perse," et Betis, "Fezomaux."
    Et d'autrepart recrïent lor enseigne roiaus.
    Festions crie, "Grece! Avant, freres vassaus!"
2555 Antigonus redist l'ensengne mazomaux.

---

**89.** 2527. et preniers.    2528. s.buissons.    2529. et tristres. 2531. De hiaume.    2532. j.digna.    2533. royaus.    2534. si digna.    2536. b.siervir hardemens l.vaussaus.    2540. et mains riches. 2543. h.et e.    2544. b.a fons.    2545. par monchiaus.    2546. monchiaus.    2547. f.tues t.q.et t. grans a.    2549. t.flagot.    2550. Y.et B.    2555. A.renonche.

Perdicas et Caulus, Floridas, Filotiaux,
Tuit Machidoine escrïent l'enseigne emperëaus.
La fu si fors estours, si ardans et si chaus,
Si durs, si fiers, si aigres et si grans li encaus
2560 Que de sanc et d'entraillez i couroit grans ruissiax.
La disme dez bataillez, des tormens ne dez max
Ne recorderoit ja creature mortaus.

### 90

Grandes sont les bataillez et li estour crüeus.
Buchiforas chevauche engrans et desireus
2565 De trouver Alixandre par coy fais soit ses veus.
Entre .ii. grans bataillez enmi les prés herbeus
La cognut a ses armez, si en fut moult joieus.
Lors entoise l'espee dont d'or estoit li heus
Qu'il voit que li roys est de sa gent loing et seus,
2570 Sur coste l'a visé car moult fu scïenteus.
Amont parmi son hyaume qui fu d'or gracïeus
Esclarchissant d'esmax, de pierres precïeus
Li donna si grant cop, si fort et si crüeus,
Si ruite et si poissant, si dur et si greveus
2575 Que tous fus estonnés li roys machidoneus.
Li [brans] descent aval com fourdre tenebreus;
De l'escu li copa pierres, bendes et cleus
Et le pan du haubert, l'arçon et les cuiseus,
Mais mie ne le fist par navreure angoisseus.
2580 Sus le col du destrier descent li brans hydeus
Si angoisseusement qu'il le copa en .ii.;
Li chevax chaÿ mors ens ou plain graveleus,
Et li roys trebucha malvis et estonneus
Si fort que ses clers hyaumes qui fu d'or floureteus

---

2560. i corut li r.
**90.** 2564. B.en cauche. 2565. c.s.f.s.v. 2566. b.parmi. 2570. S.c.la visa. 2573. c.si dur. 2574. r.et si pesant si fort et s.g. 2576. S1 L.roys. 2580. Sour. 2581. a.qui l. 2583. t. malmis.

2585 S'empraint et se ficha ens ou pré sablonneus.
Et Buchiforas broche qui forment fu joieus;
Tres par dessus le roy chevauche corageus
Et si revient arriere engrans et desireus.
.II. fois brocha desseure le noble roys piteus
2590 Mais ains ne le greva le cheval merveilleus
Quar adés saloit oultre les grans saus perilleus.
Et li roys qui avoit esté moult dolereus
Se leva quant il pot tres dolans et honteus.
Son destrier trœve mort qui tant fu grans et preus;
2595 Forment en est dolens li fors roys natureus.
Et Buchiforas crie, qui pas n'est paoureus,
"Or aviegne qu'aviegne, acomplis est mes veus!"
Lors se refiert es rens vistes et vertueus.

## 91

Dolens fu Alixandres quant voit mort son cheval;
2600 Tout a pié est li roys ou milieu du teral.
Melidïen l'assaillent, la gent Buchiforal;
Aussi font li Baudrois et Persant et Yndal.
Et li roys tient l'escu floureté a esmal,
L'espee a l'autre main au poing d'or de cristal.
2605 .I. Yndois pourfendi jusques el pis aval,
Le secont et le tierch et le quart mist a mal.
Tout abat et detrenche li roys au cuer loyal,
Testes, bras et espaules fait voler ou preal,
Entrailles et cervelles et maint vaillant vassal,
2610 Banieres, paremens, maint penon de cendal.
Ne l'osent approchier ne Yndois ne Persal
Ains li gietent de loing mainte lance poignal,
Espees et espiex, tant amont et aval
Que li roys fu navrés ou coste senestral.
2615 Par li mien enssïent ja li venist a mal

---

2589. b.a d.    2590. ne li.    2593. il peut.    2596. q.n'e. p.
**91.**    2602. f.li P.B.et li Y.    2604. e.en l'a. p.a lettres de c.    2607. e.abat tout el p.    2609. E.e.boielles de m.noble.

Quant y sorvint Philote, Daurri et Floridal,
Perdicas et Caulus, Aristé, Lyonal,
Antigonus de Grece, Festion le vassal;
Puis crïent, "Machidoine!" l'enseigne mazonal.
2620 Floridas encontra devant li .ii. Baudral,
Tel cop li a donné du branc d'achier royal,
Mort l'abat enversé, puis a pris le cheval.
Lors aparci les rens de la gent conmunal
Et a dit Alixandre, "Montez sans faire estal."
2625 "Grant mercis," dist li roys. Foy que doy Dyanal
Bien vous sera meri d'or fin et de metal."
Or est li roys montez au franc cuer natural.
Lors veïssiez grant caple parmi le sablonnal.

### 92

Grandez sont les batailles et li caple sont dur
2630 Et par dedens Melide, dont hautain sont li mur,
Est Aymez, Tholomers et Dan Clins au cuer pur,
Et Clarete les sert, parfait, vray et seür.
Par unes des fenestres voient l'estour obscur,
Les bataillez, les noises, les ensaignes d'asur.
2635 "Las! dist li dus d'Arcade, vés ci grant meseür.
Peu avons en ce sciecle et d'onneur et d'eür
Quant ne sonmes la hors a l'estour aigre et sur,
En nos poins les espees dont li coutel sont dur."
"Certez, fait Tholomers, a grant mesaise dur."
2640 "Et je, ce dist Dan Clins, j'en [gre]mis et murmur
Et ay duel que ne sonmes armé ou pré meür."

---

2616. Q.li.   2619. Tout.   2623. W omet.   2624. Et dist a A.
2627. au fin.
**92.** 2536. en cest.   2637. la fors en.   2639. C.dist.   2640.
S1 en mis.   2641. o.champ dur.

## 93

    Li vassal se dementent a Melide ensement
    Et les batailles sont ou pré espessement.
    Atant ez Cassïel le Baudrain fierement,
2645 D'autrepart Aristé a qui Valestre appent.
    Les destriers esperonnent des esperons d'argent,
    Li uns encontre l'autre s'en vient si roydement
    De bras, d'escus, de lances, de fers agüement
    Que tuit doy renverserent a terre en .i. moment.
2650 Mes li Baudrains navra Aristé durement
    Car tout oultre l'espaule plus d'une aune li rent;
    Le roit espié tranchant moult li fist de tourment.
    Puis resache sa lance Cassïaus erraument,
    Puis vient a son destrier, si mont isnelement.
2655 Lors .i. Grigois encontre, tout le decope et fent,
    Le secont et le tierch moult angoisseusement.
    Tant en decope et tue et met vilainement
    C'on se peüst de lui esmerveillier forment.
    Et puis escrie, "Baudres!" a sa vois hautement.
2660 "Ferés! fait il, seigneur, fort et hardiement;
    Mors sera Alixandres et si per et sa gent."
    Et Marcïen de Perse s'i preuve cointement,
    Ne fiert personne a cop qu'il n'abate sanglent.
    Floridas encontra devant lui em present
2665 Si grant cop li donna sur l'yaume qui resplent
    Que sur l'arçon devant l'adenta longuement,
    Et puis escrie, "Perse, ferés hardiement."
    Et Melidus chevauche tres aïreement,
    Fiert .i. Machidonois, mort l'abat laidement.
2670 Qui veïst le viellart Melidus au corps gent
    Avoir cuer et vertu, proesce et hardement,
    Conment ses corps emploie et recœvre souvent,

---

**93.** 2644. ensement. 2648. Des. 2649. r.tantost e. 2651. W *omet* aune. 2654. Et. 2655. e.si. 2656. t.si. 2657. afinnement. 2662. quintement. 2663. n'a laché. 2665. d.sus. 2666. Q.sus. 2669. vistement.

Conment il assaut bien et conment se desfent,
Conment a peu doucheur et assés mautalent;
2675 Tous est mors et outrés cils qui a cop l'atent.
Perdicas encontra devant li proprement
D'une lance de sanch qu'il toli erraument
Le feri en l'escu si assesmeement
Qu'aussi c'on geteroit .i. cuir legierement
2680 Le geta des arçons si felonnessement
Qui li oil li tornerrent et croissirent li dent.
.II. costes li rompi ou ventre plainement,
Ne se pot relever; lors saillent en present
Sa gent qui l'emporterent sus .i. escu d'argent
2685 Et Aristez aussi qui ot le vis sulent
Que li Baudrains [avoit] navré hideusement.
Au tres roys Alixandres les portent plus de cent;
[La lor baillierent mirés a lor conmandement.]

### 94

Les batailles sont [fieres] et li chaple grevant.
2690 Dolans fu Alixandres d'Aristé le poissant
Que li Baudrains avoit mis en tourment si grant,
Et du boin Perdicas qui est a son brehant
A quel Melidus a donné cop si pesant.
Alors s'esmut li roys et si Arrabiant,
2695 Grieu et Malchidonois, Caldain et Nibiant.
La veïssiés estour fier et entreprenant
Quar d'autrepart deffen[dent] Medïen et Persant,
Yndois et li Baudrois et li Hungueriänt.
Et Melidus brocha le destrier remuant;
2700 Par devant lui perçoi Alixandre le grant,
Moult bien le recognut a l'escu d'or luisant.
Lors a pris une lance qu'il vit a .i. serjant;
Alixandres le voit, une autre en va combrant.

---

2677. de sap qu'ot tolue e. 2687. t.roy Alixandre. 2688. *S1* omet.
**94.** 2689. *S1* s.freres. 2691. m.a 2693. Au. 2694. Et lors. 2697. *S1* a.deffen M. 2701. e.reluisant. 2702. l.qui tolli .i. s.

Acointe de chevax s'en viennent randonnant
2705 Si fort et roidement vont li destrier courant
Qu'al asambler se vont si durement frapant
Que li feus et la flame va des hyaumes saillant
Et li œil ens es testes leur vont estincelant.
Melidus rout sa lance, plus n'y va conquerant
2710 Et li roys le refiert, bien le va assenant
Devant en la poitrine ou plus cler jazerant
Que fer, fust, et pignon li va ou corps fichant
Et le cuer de son ventre en .ii. moitiés fendant
Si que li fers en va par derriere parant
2715 Tant com hante li dure, l'abati mort gesant.
Puis li a dit, "Viellars, finé ay vo bobant;
Vous veus est acomplis que alastez voant
Que jamais n'enterriez en la chité vaillant
Si m'ariés occis, maté et recreant
2720 Ou tüé vous auroie a m'espee trenchant.
Or gardés cest païs, vous n'irés en avant,
De male heurs m'alastez onques jour desfiant
Se vous eussiez volu estre un bien voieillant
Je vous eusse aïdié de cuer et de samblant."
2725 Lors s'embati li roys et va esperonnant
Par les ruistes bataillez, les fiers cops departant,
Et quant cil de Melide voient le duel grevant
Que leurs sires est mors, moult le vont dolousant.
De la paour qu'il ont, vont arrier reculant
2730 Car gent sans gouverneur ne sont pas bien aidant.
Et quant Porrus oÿ la nouvelle apparant
Marcïens, li Baudrains, Buchiforas le grant,
Et Betis de Phezon d'ireur vont tressuant.
Buchiforas ses fix s'en va .iii. fois paumant
2735 Sus li col du destrier, mais il l'en vont levant.
La veïssiez grant duel, moult le vont regretant,
Mais il n'est mie temps qu'or en voisent plorant

---

2704. Acoite. 2705. f.si. 2708. o.de lort t. 2709. p.ne.
2715. c.li h.d. 2718 plaisant. 2720. O.ochit. 2721. i.plus.
2722. m.heure. 2724. e.amet. 2725. L.s'en parti. 2727. d.si
grant. 2731. aprochant. 2734. f.se v. 2735. Sour l.c.d.d.m.i.le v.

Car Grigoris les assaillent et li roys tout devant,
Festion, Filotas, Antigonus le grant.
2740 Porrus les va sivans par force raliant;
Li estour reconmencent et li chaple pesant.

### 95

Or a Melidus mort li roys de Mazonie
Dont dolens sont Yndois et tout cil de Medie.
Marcïens li vaillans qui tint quitte Persie
2745 A l'espee trenchant a la presse partie,
Fiert et tue et abat de chascune partie
Pour acomplir son veu qui moult forment l'aigrie
D'aler le tref abatre au roy chiere hardie.
Tant passa de batailles par sa chevalerie,
2750 Par force de cheval et d'espee fourbie
Qu'il vint oultre les rens a plainne praerie.
Lors fiert des esperons le destrier d'Orcanie,
Ne fina jusc'au tref ou li ors reflambie.
.C. serjans i avoit chascuns hache enpoignie
2755 Que laissié i avoit li roys de Mazonie
Pour Marcïen desfendre la tente seignirie.
Quant Marcïen [parchurent] n'a celi qui detrie
Ains li queurt chascuns sus, giete lance et guerrie
Et cils en qui [manoit] fiere chevalerie,
2760 Proesce et hardemens avœc bachelerie
Se cœvre de l'escu et se tient enpoignie
L'espee grant et large, et fiert, frape et tarie.
Le premier qu'il ataint ot sa canchon fornie,
Fiert et tue et abat la grejoise mesnie
2765 Et cil le ravironnent et gietent a le fie
De lances et de dars pour li tollir la vie.

---

2740. P.v.l.fuians.
**95.** 2743. Nubie. 2744. li Piersans. 2745. t.ont. 2747. m.souvent. 2753. f.dusqu'a tres. 2755. Q.li roys i a.l.r.d.M. 2757. S1 M.procurent. 2758. li querut. 2759. S1 q.n'avoit, W q.manoit f.bachelerie. 2760. a.chevallerie. 2761. et si tint. 2762. f.f.et si t.

Et li chevaux des piez regibe, frape et hie
Si que quancqu'il consieut livre et met a hachie
Et gens qui sont a pié criemment telle envaye.
2770 Tant feri Marcïens et si bien s'i manie
Qu'a fuïr conmencierent de cascune partie.
[Et Marcijens les cache de volenté hardie;]
Tout environ le tref les abat et costie,
Et en courant entour le tref qui resclarcie,
2775 Cope les maistres cordez de soie d'Aumarie,
2775a Seur cordes et cordiax, et les paissons deslie.
Tant feri et frapa en la tente bastie
Que li grans ponmiaux d'or et l'estache est glacie
Et la tente cheüe et par terre couchie.
Quant il la voit cheüe s'a sa joie acomplie
2780 Ne fust pas aussi liés pour tout l'or de Roussie.
Arriere retorna le destrier de Medie
Et dist, "J'ay fait mon veu persie ci persie."
En la grande bataille se refiert sans boidie,
Fiert, abat et confort et fait mainte envaye.
2785 Les bataillez sont grandez et tous jours monteplie
La noise et li bestens, li bruis et la folie.
La peüssiés veïr tante lance froissie,
Tant ensaigne de soie rompue et depichie,
Tant chevalier gesant, qui en son sanc sombrie,
2790 Qui de sanc a la face melentee et soillie.
De boielle, d'entraille, de ponmon et de fie,
De piez, de bras, de poins, d'espaullez et d'oÿe,
De yex, de nés et d'oreilles, de destriers de Surie,
De sanc noir et beté de cervelle noircie
2795 Est rasee et couverte la large praerie.
Sonnent cors et buisines et tymbres a le fie,
Coradois et flaiol, maint estive jolie,
Tabours, trompes, naquaires, et font tel tromperie
Que ciel et bos et yaue et li airs en fourmie.
2800 Li mur en retentissent de Melide l'antie

---

2769. c.celle e.   2772. *Sl omet.*   2777. pollie.   2781. Surie.
2789. ombrie.   2796. S.cor et b.e.trompes.   2797. jolvie (?).   2798. tambourrie.

Le martelis d'espees et la charpenterie,
Le noise et le tourment et la grant hüerie
Peüst on bien oïr .x. lieues et demie;
Plus est fiers li estours d'assés que je ne die.

## 96

2805 Parmi l'estour s'en va poignant Buchiforas
Abatant et tuant Griex et Machidonas.
Antigonus le quiert par l'estour haut et bas
Pour acomplir son veu qu'il ne tient mie a gas
Car il li vœlt coper jus l'espee et les bras
2810 Et presenter au roy qu'il geta es herbas.
Entre .ii. grans bataillez le trouva non pas las.
Antigonus li vint qui ne le doutoit pas;
En son puing tint l'espee qui fu faite a Baudas
Qui premier fu Priant et aprés roy Duras,
2815 Puis fu Antigonus et puis a Eneas.
Puissedi le conquist li preudons Galaas,
Puis l'ot .i. roys de France et garda par soulas,
Charlemainnes ot nom qui mist moult Turc au bas.
Et puis l'ot Godefroys de Buillon quant Baudras
2820 En conquist, et Surie, Raymes et Jozaphas,
Jherusalem et Acre, Antioche et Damas.
Et aprés l'ot ses freres qui ne fu onques las
Et puis Salehadin le porta a Patras,
Leuques l'offri Mahon, Jupon et Goulias;
2825 Encor y est en or, .i. peu est li heus quas.
Antigonus li preus dont j'ai dit les estas
[Tint] celle bonne espee qui mix valoit qu'Aras.
Ja le cognistera li rois Buchiforas.

---

2803. W omet d'.
**96.** 2808. v.qui n.  2809. j.l'espaule ou le.  2810. r.qui g.en li e.  2812. le doute.  2817. SI 2818/2817. *Voir note.*  2818. m. maint T.  2827. SI Et.

## 97

    Antigonus de Grece plus ne s'i attendi.
2830  Amont parmi son hyaume Buchiforas feri
    Que feu et flours et pierres et l'azur abati.
    [Li brans tourna a diestre et aval descendi]
    Dessus la destre espaule si fort le consivy
    Que l'espaulle et [le] bras li copa et fendi.
2835  Li bras et li espaulle et li espee aussi
    Chiet sans contretenue enmi le pré flouri.
    Et cils de grant angoisse se pasma et chaÿ
    Sur l'archon de la selle du destrier arrabi.
    Antigonus s'abaisse, sa main aval tendi
2840  S'a pris espaulle et bras et le boin branc fourbi,
    Lors ne fust aussi liez pour le tresor Davi.
    Le cheval point arriere, son veu a acompli,
    Le riche roy des Griex trouva par devant li.
    Dist Antigonus, "Sire, je n'ay mie menti.
2845  Tenez, vez ci le bras qui orains vous feri
    Et le boin branc d'achier." Et li roys s'esjoÿ.
    "Antigonus, dist il, a gré m'avez servi,
    Et se Mars le me sueffre, bien vous sera meri."
    Li bras par .i. vallet, et le branc sans detri,
2850  Fist porter a ses temptes loié en .i. sami.
    Et Yndois font grant noise et grant brait et grant cri;
    En fuite sont tourné li pluisor esbahi.

## 98

    Or a Antigonus son fort veu achievé
    Quar a Buchiforas le bras destre a copé,
2855  Et si l'a au bon roy o le brant presenté.
    Yndois ont veu ce cop, en fuiés sont tourné

---

  **97.** 2831. Q.fleurs.    2832. *S1 omet.*    2834. l'e. o le bras, *S1* et les.    2839. s'a son braç.    2842. c.tourne.    2844. A.D.    2852. Enfuiés.
  **98.** 2854. Q.B.a l.b.c.d.

Et Buchiforas a le cuer tristre et iré.
Ce n'est pas de merveillez car on l'a ahonté,
Ne scet qu'il puisse faire, cuer a tout forssené
2860 Quar bien voit qu'il n'ara a nul jour mais santé:
Le foye et le ponmon li issent du costé.
Envers l'yaue du flun s'en fuit par grant fierté,
De plain eslais i saut par cuer desesperé
Et l'yaue l'enversse et l'a au fons porté.
2865 La se noia de duel, d'anui et de grieté
Pour ce qu'il ne volt mie qu'il li fust reprouvé
Que mort l'eüssent Grieu, occis ni affolé.
Ainssi Buchiforas ot son temps definé
Et Melidus sez perez. Hé! las! quel crualté.
2870 Tres bonne chose fust s'ami eussent esté;
N'y a mes que Betis, le Baudrain et Porré
Et Marcïen de Perse qui a cuer alosé.
Les fuians retornerent arriere oultre lor gré
Et Marcïen de Perse a Porrus appellé.
2875 "Porrus, fait Marcïen, or avons nous trouvé
Ce que nous avons quis il y maint jour passé.
No parent sont destruit et nous deshireté,
Melidus en est mort avœc Buchiforé.
Certez c'est a bon droit s'en avons crüauté
2880 Car au roy vraye acorde avïens acordé
Et puis par no descorde en fusmes descordé
Dont en trop male corde en sonmez encordé.
Jamais n'aurons acorde, ains vous ay recordé
Que nous en serons tout mort et desbareté,
2885 Porrus, et c'est par vous le boire avez brassé
Dont nous serons destruit, mort et envenimé;
Pas ne vous [y sauveroit l'or du mont en non Dé.
Souvenir vous deuist] de Clarus le barbé,
Vo pere qui morut devant Phezon el pré.

---

2860. n'a.mais en l'estour caplé.  2861. Foies poumons boiel li.
2863. i fiert de c.  2864. Et li y.  2865. ne vot.  2867. o.ne.
2875. P.dist.  2878. W omet.  2881. en sonmes.  2884. t.destruit et afolé.  2885. P.chou est p.v.cest b.  2887. S1 Pas ne vous souvenoit de Clarus le barbé.  2888. S1 omet.

2890 Vos peres fu robarrez et plains d'inquité;
Sa gent deshiretoit par sa grant fausseté
Car onques n'ot en li certaine loyauté.
Or pensez a quel chief en mist en son aé
Et par nos dix Marcus ainssi avez ouvré,
2895 Ainques certains ne fustez par vraie estableté.
Despis, orguiex, envie, avœc fragilité
Vous metteront a mort et nous serons finé;
Ja piés n'en stordera. Dit vous ay verité."

## 99

Ainssi a Marcïens dit par triste pensee,
2900 "Porrus, dist il, cousins, no mort avés brassee,
Et vous, sire Baudrains, no gent a mort livree.
Li corps seront occis et la vie iert finee
Et li ame en aura perit d'estre dampnee.
Or viegne enssi qu'il puet, nostre mort est juree;
2905 Soiés certains et fis, jamais autre journee
Ne verrons ni autre eure, telle est la destinee,
Or ne prise ma vie une ponme paree.
Je m'en revois combatre a la gent de Caldee
Et vous aiés aussi vo proesce moustree,
2910 C'est li mieudres consauls et la mieudre derree.
Bien esragié estiens par les dix d'Aquilee
Quant au preu des [plus] preus qui proesce a passee,
Hardis oultre hardis, de larguesce esprouvee,
Preus des preus, bons dez bons, par grace enluminee,
2915 Haus des haus, fiers des fiers, gens fereous d'espee.
C'est pour le roy des Griex qu'ay la parole oultree
Cui vous avez mespris et fait la desfiee,
Et a Dieu vous conment; j'ay ma raison finee."

---

2890. f.loberes.　2891. Les gens.　2893. O.pensons a q.c.e. vint.
2895. Onques.
**99.** 2899. A.com M.　2902. et l'ame y ert.　2903. W *omet*.
2906. v.ne a.　2910. la millour.　2911. B.estiés esr.　2912. p.des
p., *S1 omet* plus.　2917. U.

Lors fiert des esperons s'a la targe acolee;
2920 Es rens des Griex s'embat, la fent mainte coree,
Fiert et tue et abat au travers de la pree.
Porrus et li Baudrains n'i font pas leur celee
N'a Betis de Phezon ou dolours est entee
Pour son frere qu'a mort d'une lance aceree.
2925 Tous jours en la greinour presse et plus entassee
Se tient Betis li enfes ou proesce est plantee;
La leur fent et detrenche [maint pis, mainte coree,]
Chevaliers et chevaus abat pance levee;
Moult le redoubtent Grieu si font cil de Caldee.
2930 Et Porrus fait tant d'armes au trenchant de l'espee,
Tant tue et tant abat c'œvre samble faee.
S'en teste d'onme estoit scïence encorporee
Et avœc la sïence eüst langue attenmpree
Et avœc bonne langue maniere amesuree
2935 Et avœc la maniere, temps, espace et journee
Pour recorder les fais, l'estour et la meslee.
Ne seroit la centisme des biax fais recordee
Que Porrus fist le jour qui la teste ot armee
Et li Soudans de Baudres a la chiere membree,
2940 Betis et Marcïens dont j'ai fait renonmee;
Mes leur gent estoit moult mate et desconfortee.
Moult en y a qui fuient par mont et par valee
Et Grigois les encauchent par grant esperonnee.
Moult sont grans les batailles et ont longue duree.

## 100

2945 Tel sont li grant estour com vous m'öés noncier.
Noblement s'i maintient Alixandres d'Aillier,
Caulus et Floridas et tuit li franc guerrier;

---

2921. F.e.crie e.a.au trenchant de l'espee. 2923. Et B.d.P.o.d.e.entree. 2926. S.tint B.l.e.o.p.e.entree 2927. W d.maint pis mainte coree, S1 d.conment pis mainte est hinee. 2929. W omet le. 2932. encorporele. 2941. espoentee.
**100.** 2945. Bel s.l.g.e.que.

Et Festions aussi qui ne fait que brochier
Par les ruites bataillez pour son veu essauchier
2950 Car s'il peüst Porrus occirre et detrenchier
Marcïen ou Betis ou le Baudrain legier,
[S]on veu eüst fourni et tout son desirier.
Devant lui encontra ou grant estour plenier
Du costé vers le flun ou milieu du gravier
2955 Marcïen le [Piersant] qui tant fait a prisier
Qui ne fait que Grigois occirre et detrenchier.
Cil qu'il ataint a cop n'ont de mire mestier;
Plus de .xx. en a fait a la mort baaillier
Par devant Festion cui moult deult ennoier.
2960 Vers Marcïen s'en vint Festions au vis fier
Et Marcïens li vient aussi a l'encontrier.
Des espees trenchans se vont entracointier
Et fierent a maint tas sans point de l'espargnier
Si qu'il font les escus froissier et debrisier,
2965 Les haubers de leur dos derompre et desmaillier.
Les las de leurs vers hyaumes font rompre et deslïer
Si que par leurs espaules en pendent li quartier.
Li sans leur ist des corps et devant et derrier
Si que tout environ font le pré vermeillier,
2970 Ainssi se font en sanc temprer et vernissier.
Marcïen giete .i. cop pour Festion paier,
Pas ne l'ataint adont, mes mort a son dertrier
Et Festions chaÿ en milieu de l'herbier,
Mais tost ressaut em piés, ne s'en fait pas prïer.
2975 Vers Marcion s'en vient, ou puing le branc d'achier,
Par dessous vers l'arçon de la sele d'or mier
Apperçoit Marcion nu de hauberc doublier
Car descirés estoit; hé! las! quel destourbier.
Cils fiert en cel endroit d'estoc sans manecier
2980 En loinc li va l'espee jusques au heu lancier
Et les boiaus du ventre li fait fendre et trenchier

---

2948. f.fors. 2052. S1 Mon. 2954. f.en m. 2955. S1 le pourfent. 2063. t.n'ont cure d'e. 2964. f.lor e.froer et depechier. 2965. d.destrompre. 2966. depecier. 2974. p.pas ne s'en fist p. 2975. s'en vint. 2976. P.deseure l'a. 2980. Au. 2981. perchier.

La corroie et la foie jusque au cuer piquier.
Marcion pert sa force, plus ne se pot aidier
Et cils estort son cop, mort l'abat du destrier,
2985 Puis monta es archons qu'il n'i volt delaier.
Or est Marcions mors qui bien sot consillier,
Le sage, le puissant et le loyal guerrier.
Hé! las! com grant donmages qui l'estuet devïer!
Tel duel en ont Yndois et Porrus tout premier
2990 Que de la grant dolour cuident vif esragier.

### 101

Quant Marcïens fu mors, moult y ot grant tençon,
Moult forment le regrete Betis avœc Porron,
Et li Soudans de Baudres en a grant marison.
Crïent, pleurent et braient, triste, ireus et felon,
2995 Or ne prisent leur vie ne leur mort .i. bouton.
Ralïé ont Yndoys sans point d'arestoison,
Au chaple s'en reviennent irié conme gaignon;
La tüent et abatent Grejois a grant foison.
Point de ferir ne cesse Betis cils de Phezon
3000 Du riche branc d'acier; en cœvre le sablon
De Griex et de Caldains et de ceulz d'Aquilon.
Enmi sa voie encontre Patermore de Bion;
Niez fu a Alixandre et fu de sa maison.
Betis le fiert en l'yaume si et par tele randon
3005 Qu'il en fait l'escharboucle cheïr et le bouton.
Teste, cuer et entraille, le foye et le ponmon
Li pourfent et si chiet li cops jusqu'a l'arçon;
Mort l'abat en .ii. pieces qui qu'il fust bel ou non.
Lors ot entour Betis moult fiere caploison:
3010 Grieu et Malchydonois l'acloent a bandon

---

2982. La coree et le f.et jusqu'a c.fichier.   2983. se peut.   2985. a.qui n'i ot d.   2988. d'qu'il l'e.
**101.** 2994. P.c.   2995. Et.   2996. R.sont.   2999. De f.n.s'aciesse.   3002. Bron.   3006. entrailles.   3007. et li cors descent jusqu'a l'a.   3008. il soit.   3010. l'encloent environ.

Et li bers se desfent au branc et au blazon.
Atant e vous Porrus avœques Cassion,
Secoru ont Betis cui il fu bel et bon
Et se fierent es Grix, brochant de l'esperon.
3015 Betis a encontré devant li Festion
Qui fist Buchiforas du puing destre moignon.
Amont parmi son hyaume le fiert tel horion
Qu'il en abat les pierres entour et environ,
Mais li brans descendi vers le destre geron
3020 Si qu'il li a copé le pan du haubrejon.
Li brans entre en la char par tele avision
Que jusques au maistre os li embat de randon.
Festions sent le cop s'ot tribulation,
A terre trebuch du destrier arragon,
3025 Ne se pot relever ains fu em pamisson
Et Grigois le couchierent sur .i. escu royon
Qu'il cuident que mors soit, mais n'en a souspeçon.
Si chevalier l'emportent au maistre pavillon,
La le feront garir, mire li bailla on.
3030 Et li estours fu grans, plus que ne diroit on;
En sans et em boiele, en foye et en ponmon
Sont jusquez es chevillez li bon cheval gascon.
Porrus crie en haut, "Ynde!" et "Baudres!" Cassion,
Et Betis li vaillans, "Le Larris et Phezon!"
3035 Sonnent cors et buisines et trompes de laiton;
Crüeus sont li estrif et li caple et li ton.

## 102

Crüeus sont li estour et tout adés foisonne.
Qui la veïst Porrus conment il esperonne,
Conment ces haubrejons desjoint et desboutonne;

---

3011. d.qui ot cuer de lyon. 3014. Lors s.f. es rens b.a e. 3016. d.braç. 3022. Q.dusques a.m.o.l.abat le brahon. 3024. A.diestre. 3026. c.sus. 3028. Li. 3029. mires. 3031. E.sanc e.e.ciervelle. 3032. j.as. 3034. L. a.
**102.** 3037. finsonne. 3038. Que.

3040 Piez, poins, espaulle, teste trenche, cope et estonne.
Qui de lui est ferus, pis est qu'en une tonne;
Jamais ne songera s'il vente ne si tonne.
Gormorant va ferir qui tenoit li lasonne
Aussi le cope et fent conme .i. rain qui boutonne.
3045 Puis en rabat .i. autre tout mort lés une bonne
Et puis crie en haut, "Ynde, m'espee est belle et bonne!"
Qui veïst le Baudrain, celle fiere personne
Comment reçoit .i. cop et comment le redonne
Coment la mort des autrez merist et guerredonne,
3050 Et Betis le courtois avœc sa gent phesonne,
On desist trois plus preus n'aroit jusqu'a Hantonne;
N'a celui qui ne doie par droit porter coronne.

### 103

Li chaple sont moult fier et ruite la bataille.
Li riches roys des Griex abat et tue et maille,
3055 Cui il ataint a cop, il a poié sa taille
Et cascuns de ses gens durement y travaille.
Daurris et Floridas, cascuns y frappe a taille.
Antigonus s'escrie, "Avant, fausse merdaille!
Tout serés mort et pris enz en la desfinaille.
3060 Je ne doins de vos vies la monte d'une paille!"
Lors fiert, tue et abat, de l'espee detaille.
Cil que Grigois ataignent ne leur faut point vitaille.
Et Betis d'autrepart y fiert et esparpaille
Et rescrie, "Mais vous, male fausse chiennaille,
3065 Serrés mort et destruit car n'estes que piautraille!"
Lors escrie, "Ephezon, ferés sur la merdaille!
Mors y ert Alixandres avœc se haquenaille!"

---

3040. P.p.espaules tiestes tronche. 3041. Q.e.f.d.l. 3042. ne songera se il vent u il t. 3043. Gomorant. 3051. O.diroit. 3052. W omet.

**103.** 3055. C.i.consieut a c.i. a paijet se t. 3057. f.et maille. 3060. maille. 3061. e.qui taille. 3062. Chiaus. 3064. Et escrie. 3065. Vous s.m.e.d.c.n'e.q.mierdaille. 3066. e.Phezon. 3067. landonnaille.

Lors se refiert es rens; cils que il fiert baaille;
Trenchié y a maint pié, maint puing, mainte coraille.
3070 De sanc et de cerveille, de boiel et d'entraille
Cœvre de pré herbu et de mainte ventaille;
Moult par s'i prœve bien et fait mainte envïaille.

## 104

Moult par est Betis fors, fiers et amanevis;
Souvint li de son pere Gadiffer du Larris
3075 Qui fu occis a Gadres par les Machidonis
Et puis de Cassamus qu'a Phezon ot mort pris,
Et aprés de [son] frere qui par lui est occis.
"Hé! las! fait [li] dansiax, com or sui assouplis.
N'en y a piés remés fors que moy qui sui vis;
3080 Tele est la destinee, mais c'est mauvais delis."
Lors se refiert ou caple tristes et engramis;
Cui il ataint a cop tous est de la mort fis.
Antigonus encontre Floridas et Dauris
Et quant cil troy le voient faire tel ferreïs,
3085 Tuit troy viennent vers li, casuns d'ireur espris.
Antigonus le fiert premier enmi le vis
Et Daurris ou costé et Floridas ou pis.
N'a cellui qu'ens ou corps ne li ait son branc mis
Tant qu'il en est de sanc melentez et vernis.
3090 Li bouel de son ventre chïent sor son samis
Mais encor ne chiet pas, ainz s'est a .ii. mains pris.
Et Alixandres crie, "Hé! las! ce est Betis.
Se vous le pöes faire, faites qu'il soit pris vis."
Adont fu pris de Griex et de Machidonis
3095 Et par force amenés devant le roy des Gris

---

3068. r.qui il consieut b. 3069. chiervelles de boiaus. 3071. C.li prés hierbus.
**104.** 3074. Souvent. 3076. P.fu ochis. 3077. *S1* de f., *W* d.son f.qui p.l.ot mort pris. 3078. *S1* f.il, *W* l.dist li. 3080. e.ma. 3081. il consieut. 3083. A.l'e. 3088. N'i a cel qui o. 3092. l.chou e.

Et Alixandres dist qu'a son tref soit tramis.
Lors a porter le prirent chevalier plus de .x.
Mais ains qu'il fust au tref li est le cuer faillis.
Li foye et li ponmons li est en sanc foitis,
3100 Li boiel de son ventre decaupé et malmis.
La devia Betis qui tant par fu hardis,
Li corps s'est estendus, s'en va li esperis.
Et Marcus reçut s'ame, Nepturnus et Jovis
Quar son vivant les ot honnourés et servis.
3105 Ainssi fu Betis fors et du sciecle partis.
Or ne demandés mie se Porrus est marris
Et li Soudans de Baudres tristez et engramis
Quar chascuns samble bien, de ce soiez tous fis,
Qu'il soient forssené et erragié tous vis.
3110 Yndois a fuïr prendent contremont les larris
Et la gent de Phezon qui erent a Betis.
Mais Porrus en raloie grant part, ce m'est avis,
De bien .C. mile Yndois qui ierent fer vestis.
Quant premiers conmencha l'estour et li estris
3115 N'en ont mïe .x. .M., mout en a de fenis
Et li autre sont mort gesant es prés flouris.
Et s'en a moult perdu li roys malchidonis
.XVI. .M. des siens de plus amanevis.
Or voit bien Alixandres et croit en son devis
3120 Qu'il gaignera l'estour, s'en loe Dyanis.
Et Philotes qui fu hardis, preus et despis
Voit bien que li Yndois en averont du pis
Et qu'il est huimes temps que ses veus soit furnis.
L'ensengne qu'il portoit desploie sans detris
3125 Puis broche le cheval des esperons massis
Et desrout les bataillez Yndois et de Persis
Habatant et tuant com hardis des hardis,
Copant piés, bras et testez, ventre, espaulles et pis

---

3096. A.conmande q.    3097. L.l'ont pris a porter c.    3099. L.foies li p.li e.ou s.    3103. r.s'arme.    3110. Y.p.a fuire contreval.    3113. Y.qu'il orent.    3114.1 *Sl* N'en ont mie .x. mile Yndois qu'il orent fer vestis.    3117. a bien.    3121. f.p.e.amanevis.    3122. a.le.    3126. b.d'Y.    3128. ventres esp.p.

Tant qu'il passa tout oultre les grans estours furnis;
3130 Venus est au grant flum si est dedens saillis.

## 105

Ou flun de Salternie qui est profons et griez
Sailli de plain eslais Philotas li prisiez
Et se joint as archons et est dedens fichiez;
Ses jambes au cheval joint sans estre brochiez.
3135 Et li chevax qui fu grans, fors et bien tailliez,
Est par le fort de l'yaue nöés outre et glaciez
Si que qu'ainques n'i fu malmis ni empiriez
Ne Philotes n'ot mal fors tant qu'il fu moulliez.
Quant il fu a la rive moult fu joians et liés;
3140 Descendus est a pié li vassaus resoigniez.
De son cheval frota ventre, crupe et les piés
Et puis fu li poitraus recenglés et lachiés,
Puis remonte et s'embronche qu'il n'y est detrïés
Jusqu'a la maistre porte ne fu ses frains sachiez.
3145 Quatre serjans trouva armés et haubregiés
Qui par dehors avoient les grans huis veroulliez.
Philote dist, "Seigneur, la porte ouvrir vœilliez.
J'ai mestier la dedens, pas ne m'i detrïés."
Et li uns respondi, "Ja n'i metterés les piés!
3150 Vous estez des Grigois, si en serés paiés."
Lors a levé la hache li vilains resoigniés.
Le destrier Philotas copa en .ii. moitiez,
Li chevaus et Philotes a terre est trebuchiez.

## 106

Philotes se redreche qui ot grant mautalent
3155 Et trait le branc d'acier qui fu seignié d'argent.
Le premier feri si que la teste li fent,

---

**105.** 3137. C'ains Philotas n'i f.m.ne.   3138. Ne li chevaus.   3141. f.c.v.et.   3143. P.s'i monte et s'en broche qui n'i.   3148 ne me. 3151. li varles.

Le secont et le tierch abat mort em present,
Li quars aprés li prie merci piteusement;
Dist qu'il li ouvrira la porte a son talent.
3160 "Or tost, dist Philotas, fai dont delivrement!"
Lors œvre cils la porte et puis les clez li rent
Et volentiers Philotez conme joians le prent.
L'enseigne entre ses poins va a pié seulement;
Contremont la cité fort et hardiement
3165 Jusqu'au palais Dyane ne fist arrestement.
La porte trœve ouverte s'entra ens erraument
Mais .xx. Y[n]dois trouva armez moult fierement
Que laissié y avoit Melidus proprement.
Quant il voient Philote chascuns vigreusement
3170 L'assaut, et Philotas a son branc se desfent.
Encontre un mur s'adosse li preus seürement.
De l'enseigne qu'il porte ou li grans fers s'estent
Li a on ens ou corps feru soudainement.
Li autre le rassaillent qui sont en grant tourment
3175 Et li geterent lances et pierres plus de cent,
Mes de l'escu se cœvre si acesmeement
Qu'il ne les doubtent tous neçun trespas de vent.
A la lance d'acier merveilleus cops leur rent;
Des .xx. en a les .xij. mené vilainement,
3180 N'i a celui des autres qui n'ait le corps sanglent.
"Par foy, dïent li autre, vé ci .i. droit serpent.
Tous est mors et honnis cils qui a cop l'atent
Adez li croist sa force et par amendement.
C'est li mieudrez consaus qui soit; alons nous ent!"
3185 Lors li tournent le dos et font eslongement.
Quant Philotas les voit, pas n'en ot cuer dolent.
Ens ou palays Dyane qui a fin or resplent
Monta par les degrez tost et isnelement.
A une des fenestres du maistre mandement
3190 Au lez devers estours et le guerroiement

---

**106.** 3158. li crie.   3159. qui l.o.l.p.et puis les clés li rent.   3160. W *omet*.   3161. W *omet*.   3162. c.joieus.   3167. *S1* Ydois, W Yndois.   3170. L'a. a.   3173. En a .vj. a chuine (?) cos ochis s.   3178. De.   3185. t.les.   3189. du grant machonnement.

A s'ensaigne fichié et la desploie au vent
Si com la peut veoir de l'ost appertement.
Alixandres et si per s'en merveillent forment
Qui de l'estour le voient et du tornoiement
3195 Et dïent, "Philotas li vaillans pas ne ment.
Achievé a son veu bien et honnestement."
Tel joie a Alixandres qu'il crie hautement
"Malchidoine et Auffrique, Caldee et Bonivent,"
Car il voit bien qu'Indois seront tout a torment.

### 107

3200 Joie fait Alixandres, mais Porrus est dolens
Et li Soudans de Baudres d'angoisse estraint les dens;
Quant l'enseigne au roy voient ou chastel la dedens
Adont leur est doublés leur crüeus mautalens.
Cascuns d'euls tient l'espee et se refiert ens rens,
3205 Maint en ont abatu melentés et sulens.
Et Philote est lassus qui est hardis et gens
En la chambre amoureuse s'en va non mie lens.
Ayme le duc trouve qui forment fu dolens
Qui ne fu en l'estour, pres n'est issus du sens,
3210 Dan Clins et Tholomers, chascuns en a contens.
Philote les salue des haus dix sapïens;
"Seigneur, ce dist Philotez, fais vous est uns presens,
Dont chascuns de prison sera hors et exens.
J'ay mon veu acompli que je [voai] ceens:
3215 Vés la l'enseigne au roy qui tant est excellens."
Adont fu grans la joie des princes reverens
Mes par Clarete fu grans deuls et grans bestens
Et sa suer Saigremore fu de duel en l'assens,
Mes de conforter fu Aymes obedïens.
3220 Et nonpourquant depiecent leur riches garnemens

---

3193. p.s'esmervellent.   3195. d.l.v.P.p.   3198. A. Calide. 3199.
s.mis.
**107.** 3208. Ainon l.d.t.q.moult estoit d.   3209. Qu'il.   3210.
tourmens.   3212. v.iert.   3213. s.fors.   3214. SI je voy.   3216.
p.la dedens.   3217. q.noise e.   3218. l'absens.

Et tirent leur chevaus; moult mainnent grans tourmens
Car mors est Melidus lor pere fiers et gens
Et leur frere autressi et plenté de leur gens.

### 108

    Les pucelles demainnent en Melide dolour
3225 Mais Deromadaire est haut en la maistre tour
Qui moult bien a veü le bataille et l'estour.
Bien scet mors est ses peres avec Buchiforour,
Marcïens et Betis qui tant orent valour.
Lors fu si angoisseuse et ot tant de tristour
3230 Que devant le feu vint qui rent grande luour
Et tient nu en sa main le branc sarazinour
Et a dit doucement, "Pere, pour vostre amour
Et pour vostre amour, frere, m'occirray sans retour
Et je prie a Venus cui j'ai servi maint jour,
3235 Mars, Dyane et trestous les diex d'Ynde Majour,
Que nos amez en soient en voie de savour
Car ce n'est pas par mal ne par fole clamour,
Ne par fole esperance que me sench a dolour.
Ains fai pour sacrefice faire as diex et honnour
3240 Afin qu'il aient l'arme dont de cuer les aour.
Lors acline les yex bellement par douchour
Et puis se fiert ou ventre du branc nu de coulour
Si que morte s'abat ens ou feu sans retour;
Au cheïr fist un cri que l'oïrent pluisour.
3245 Tholomers et Dan Clins y fuïent sans demour;
La belle trœvent morte, s'en mainnent grant irour.
Ostee l'ont du feu, n'a celui qui ne plour,
Et l'ont envolepee en .i. gent couverture;
En une grande biere la clorent tout autour.

---

    3223. l.freres aussi e.
    **108.** 3225. h.ens en.    3227. ses freres.    3230. q.rendoit grant. 3231. E.tint.    3234. c.ja siervit.    3235. Mais.    3238. p.desesperanche q.m.mech.    3239. A.est.    3240. a.l'ainc(?) d.    3241. L.a cloigniet l.    3246. s'en ont au cuer.    3247. n'i ot cel q.n'en.    3248. .i. grant.    3249. l'enclorent t.entour.

3250 En la chambre amoureuse ou il ot mainte flour
Devant Mars et Venus la mettent sanz sejour.
Sez suers en ont grant [doel], onques nuls n'ot greignour.
Et li chaple sont grant ou pré sus la vredour;
Bien s'i prouverent Grieu et li Machidonnour,
3255 Porrus et li Baudrains qui sont boin fereour,
Mes li rois Alixandres a du tout le meillour.

### 109

Fierement se maintient li Baudrains et Porrus,
Par les grandez batailles chevauchent sus et jus;
Qui leur veïst abatre ces chevaliers membrus,
3260 Coper et depecier curïes et escus,
Destriers et dromadaires et aufferrant grenus,
On desist, "C'est esfondrez qui est ci embatus,
Ne nus n'est d'eus ferus qui ne soit abatus."
Devant li encontra Porrus Antigonus,
3265 De son bon brant fu si et atains et ferus
Que maugré sien l'adente dessus les prés herbus
Et rompi .iiii. costez quant a terre est cheüs.
Et Porrus broche avant des esperons agus,
Fiert et tue et abat et est tant dissolus
3270 Que nuls hons ne le voit ne li face refus.
En haut crie Alixandre, "Mauvais roys recreüs,
Se je te puis veïr, tu seras conseüs!
Par toy est no lignage matés et confondus,
Mez perez en est mors, li riches roys Clarus,
3275 Betis, Buchiforas et li roys Melidus,
Et Marcïen de Perse qui tant par fu cremus.
Ainssi est nos lignagez par toy mors et vaincus,
Mais s'encontrer te puis, tu en seras confus."
Lors se refiert es rens chaus, ardens, et com fus

---

3250. a.s'en viennent sans demour.    3251. W *omet*.    3252. La bielle fait grant dœl o., S1 *omet* dœl.    3253. g.es.
**109**. 3257. se maintiennent.    3263. Que.    3279. c.et a.com f.

3280 Fiert et tue et abat et depart cops menus;
Il n'ataint nul a cop ne soit a mort ferus.
Et Cassïaus de Baudrez y met cuer et vertus.
Il samble proprement qui les voit esmeüs
Que chascuns a l'estour soit maintenant venus
3285 Noient plus n'est chascuns lassez ne recreüs;
Cascuns s'esmerveillast qui la fust plus et plus
Conment il sueffrent tant de tourmens et d'argus
Car on leur trait saïetez et grans quarriaus agus
Et lancent gavelos, espiex et dars molus.
3290 Mais nuls d'yaus ne puet estre maumis ni abatus,
Mais Yndois et Baudrains [widnet] les plains herbus.
A la [f]uite se mettent et sont chaciez de Grus,
N'en remest pas .ii. .C. ou champ avœc Porrus.

### 110

Porrus et li Baudrains ont durement a faire
3295 Car tout sont mort leur gens et occis a contraire.
Cil qui sont remés vif s'en fuïent sans retraire;
N'en y a pas .ii. .C. ou li estours s'appaire
Et Porrus est enclos de la gent de Baudaire,
D'Arrabois, de Grigois et de ceuls de Cezaire,
3300 Plus de .x. .M. en a pour euls faire contraire
Et cix en qui proesce est ore necessaire
Ne les prise trestous pas une penne vaire.
Porrus au branc d'acier qui luist et qui esclaire
Pourfendi Balenor dessi qu'ens u vïaire,
3305 Golomer, Priamus et Lurgimont de Daire,
Dragoulant, Gracïen, Dragoulas de Biaucaire,
Hapanart, Biavoisin, Cliamus et Bacaire,

---

3285. N.n'e.p.   3290. m.ne confondus.   3291. W Et Y.et B. widnet, S1 B. wardent.   3292. S1 la suite, W fuite.   3294. ou pret.
**110.** 3295. g.tous mis a.   3297. .ii. gens.   3300. .M. y.   3305. Tolomer.   3306. G. Floart de Lupendaire.   3306.1-3. Aigobus, Lucion, Malami, Lucidaire, / Sanson et Valcadone, Rudas de Lille esclaire, / Fromorin, Drugement, Dragoulas de Biauvaire.   3307. Hapenart, Forvoisin, Dianus e.B.

Lianor et Lyon, Barré et Langoulaire:
.XXVIII. en a [il] mort et abatus en l'aire.
3310 Qui son maintien esgarde et voit ses grans cops faire
Ce samble .i. [vis] dyable, tant est de ruite affaire.
Pieton, gent a cheval, destrier et dromadaire
L'eskievent de tous lez, ne s'osent vers li traire.

## 111

Moult par est fiers Porrus et crüeus li Baudrains.
3315 Qui veïst Cassïel conment est souverains,
Conment il tient la [hache] enpoignié a .ii. mains,
Conment il fiert et tue Griex et Machidonains,
Ceuls d'Arribe, Auffriquans, les Mors et les Caldains,
Conment il fent escus, targes, sellez et frains.
3320 A moult de gens fait sa hache grans mehains;
Cui il consiut a cop jamais n'iert du corps sains.
Nuls ne l'ose approchier, ainz est chascuns lointains
Et li giete de loing espiex grans et vilains.
En mains liex sur les corps fu li vassaus atains
3325 Si que li clers haubers fu en sanc vermeil tains.
Et ses chevax derriere fu ferus par les rains
De .iiii. grans faussars si qu'il chaÿ es plains
Et Cassïax versa qui forment fu grevains.
Mais il ressaut em piez hardis, tout fust il vains,
3330 Et enpoigne la hache dont d'or fu li poins pains.
Joins fu contre son pis li escus et emprains.
La se vœult crüelment et au plus et au mains,
Et la parfait tant d'armez Cassïax li certains
Que cils qu'il a consieut est a la mort contrains.

---

3308. W omet.  3309. S1 a m., W a il.  3310. s.c.defaire.
3311. S1 .i. d., W .i. vis d.
111. 3316. W il tint le hache com puingnie, S1 la lance.  3317.1-3.
S1 Qui veist Cassiel coment est souverains / Conment il tient la hache
empoignie a .ii. mains / Conment il fieirt (S1 exponctue le deuxième i) et
tue Griex et Machidonais.  3320. W omet grans.  3321. n'i. li.
3323. li giettent.  3324. E.maint lieu. s.le c.  3326. q.ses blans h.en
f.au cler s.atains.  3326. d.en f.frus p.  3329. sains.  3330. o.est
l.p. cains.  3331. empains.  3332. L.se vent c.  3334. c.cu il
consiut e.de.

3335 Mais il est trop coitiés de Grigois et destrains,
Angoisseus et boutez et pressés et estrains.

## 112

Entre les Grigoies est li Baudrains tout a pié
Mais il tient la grant hache et l'escu embracié.
La veult sa char a force et en fait grant marchié;
3340 Proesce li envoie hardement ressoignié
Et vigour le semont par penser afaitié.
Tant tue et tant abat que tout l'ont resoignié
Mais li [auquant] de lancez l'ont derriere lancié,
Trait gieté et feru et frapé et pikié
3345 Tant que [li] sans des corps li a aval raié
Si qu'il en a le chausse et l'esperon moullié
Et li corps li tressue car moult a travillié.
En sanc et en sueur a tout le corps baignié
Mais encor se desfent, n'a cure de pitié;
3350 Il ne prise sa vie un surcot mautaillié;
Plus de .xxx. en a mort au branc d'or fin seignié.
Atant ez Alixandre le riche roy proisié,
Daurri et Floridas et maint prince enforcié;
Tuit le Baudrain assaillent, peu y ont d'amistié.
3355 Li Baudrains fiert Daurri sor son hyaume vergié
Si qu'il en a le cercle pourfendu et trencié ·
Mais la hache glaça enz ou pré vermeillié;
Sur .i. perron chaÿ si l'a en .ii. brisié.

## 113

Brisié est la grant hache au Baudrain Cassïel
3360 Et li Grigois l'aprocent a qui forment est bel.

---

**112.** 3339. L.vent.   3341. W. omet.   3342. W omet.   3343. W li auquant d.l.l'o.derrier l., S1 li auaugrant.   3345. S1 omet li.   3348. E.sueur et e.sanc.   3354. Qui.

Luecques li ont lancié maint dart et maint coutel,
Mainte lance acerree ou ot maint panoncel
Mais tous jours se cœvre il de l'escu en cantel.
Tolu a .i. espié s'en fait crüeus cemble
3365 Cils qui en est ferus a finé son revel.
Des mors et dez navrez fait sanglant le praiel.
Tout entour li a fait de mors maint grant moncel.
Hé! dix! com preus vassal, com hardi et isnel,
Ains ne fu son parel, je croy, du tamps Abel.
3370 Li fors roys Alixandres au vis cler et nouvel
Tint .i. dart empané d'arain lonc et crüel.
Au Baudrain le lança qui des siens fait maisel
Selonc l'escu l'ataint ou milieu du fourrel
Que le dart embati tout ou corps du dansel.
3375 Tout en furent fendu et troé li boiel,
Hors de son corps li saillent et de sanc grant ruissel
Mes encor ne chiet pas, ains fiert Maladïel;
Mort l'abat, puis retue Bustin de Monsorel.
Lors le feri Daurris derriere ou haterel
3380 Tant que sa teste fent et respant le cervel;
Lors chaÿ li Baudrains, finé a son cembel.
Puis qu'il [fu] aterrés Grigois et Opinel
Le frapperent a tas d'espee et de coutel
Si qu'il n'ot onquez membre ne vainne ne ossel
3385 Qui ne fust depicié conme char de maisel.

### 114

Li fiers Soudans de Baudr[es] a finé sa querelle,
Tout a on depicié sa char et sa boielle;
On n'en recognoist foie, sanc ne os ne cervelle.

---

**113.** 3361. Illœc. 3362. ou o. 3263. j.si se. 3364. .i. espiel s'e.f.c.maisiel. 3366. De m.e.de. 3367. mors un. 3368. h.com. 3369. f.ses paraus. 3371. a.et bien et biel. 3373. a.en m. 3375. furent trauet e.fendu si. 3376. s.li r. 3377. a.feri Maldansiel. 3379. Que la t. li f. 3382. S1 il a. 3384. W omet. 3385. Plus menus depechies c.c. a m.
**114.** 3386. S1 Baudrans. 3388. n'i r.f.s.ne le c.

N'i a mais que Porrus qui mïe ne revelle
3390 Car finee est sa gent de Perse et de Tudele
Et d'Ynde, de Medie, de Baudre et de Castelle;
Tout sont mort et destruit gesant sus la praelle
D'ire et de mautalent tous li cuers li fretelle
N'il n'a œil en la teste qui ne li estincelle
3395 S'estoit il moult navrez ou chief lés la masselle.
Les dens croissi ensamble, de fine ireur cancelle;
Ou puing estraint l'espee dont trenche la lemelle.
Entre Gregois se fiert conme clers en chapelle,
La ou les voit plus drus, les fent et escoipelle.
3400 Par son grant hardement Porrus les desmoncelle;
Fendu i a maint ventre, maint cief, mainte forcelle.
Chevaliers et chevax abat sus la gravelle;
Tout l'esquivent et fuient gent grieue et jupitelle
Et il les va cachant com [faucons] l'arondelle.

## 115

3405 Or est li Baudrains mors, mais que Porrus n'y a,
Yndois sont desconfit, cascuns fuiant s'en va;
Cils qui pot eschaper grant joie en demena.
Et Porrus est enclos et de ça et de la;
Bien .xv. .M. Grigois devant son visage a
3410 Dont chascuns dars et lancez et espix li geta·
Et Porrus se desfent — sens l'en amonnesta,
Vigeur si l'en semont, proesce l'enseigna,
Pensers li faisoit faire, hardemens li loa
Et proesce parfaite qui en li se doubla.
3415 En sanc et en sueur toute jour se baigna;
Talent n'a de fuïr mais adez approcha:
A terre giete et foule tout quancqu'il assena.
Hauberc cope et detrenche et hyaume desmailla;
Cope pis et corees, cervelles espiautra;

---

3392. g.sour. 3393. li cors. 3396. dancielle. 3399. estropielle. 3401. W omet. 3404. S1 com faus.
**115.** 3409. B. .xvi. 3412. V.le siermonnoit. 3419. et cordes.

3420 Pas n'arreste en .i. lieu, mes tout adés brocha.
Et li chevax des piés fort regibe et geta
Et mort et esgratine et giete et adenta;
Quancqu'il porsiut a force a la terre gieta.
"Hé, Marcus, fait Porrus, com bon cheval cy a."
3425 Si se prœuve Porrus et li chevaux qu'il a
Que cascuns li fait place et Porrus les cacha,
Puis chevauche sur eulz. Maint affolé en a;
Par li seul fait tant d'armez c'on ne le croiroit ja.
Atant es Alixandre qui sa gent escria,
3430 Daurris et Floridas dont chascuns espee a.
"Avant, fait Alixandres, par force mors sera.
Ja n'avera merchi; mes veus s'achievera.
Pour Porrus sui je moult dolens que je voi la
Car mes corps a Melide n'a pas .v. jours voa
3435 Qu'a Porrus ni as autrez pais ne feroie ja;
Puis que je l'ai voé li veus tenus sera.
Qu'ains plus hardis de lui en estour ne chapla,
Pour li en sui dolens par Marcus qui fait m'a
Plus fiers ne plus crüeus et bien paru y a
3440 Plus de .v. .C. des miens par son corps occis m'a
Et li Soudans de Baudres qui orains devïa,
Melidus et Betis avœc Buchifora,
Et Marcïen de Perse qui maint conseil donna.
J'ay grant duel quant chascuns a moy se descorda
3445 Mais li fais est oultrés autrement n'en yra.
Avant! or a Porrus mïe ne vivera."
Lors assaillent Porrus, chascuns traite lance a.

---

3422. et gieta et denta. 3423. il consiut a cop a la t. 3426. f.voie. 3427. W omet. 3427.1. W Par force de cheval a tierre les foula. 3429. rescia. 3433. P.P.en s.m. 3435. P.ne as. 3436. ai proumis. 3440. o.a. 3445. a.il n'y. 3446. W 3447/3446. 3447. c.tire et saca.

## 116

      Or est Porrus tous seulz et aclos de tous lés,
      Grigois li gietent lances, de faussars amourés,
3450  Espees et espiex et coutiax acerrés
      Et cils se desfent si que ja considerez
      N'iert ses grans hardemens ne sa haute fiertez.
      Ce samble qui le voit que ce soit .i. mausfés
      Et samble qu'il ne soit travilliés ne lassez
3455  Nient plus que quant il vint premiers combatre es prés.
      Ce samble droit esfondre, ce samble adversitez,
      Ce samble uns vis dyablez, ce samble .i. drois dervez,
      Ce samble .i. droit lyons qui soit deschaïnés,
      Ce samble .i. drois liepars ou .i. serpens cretés,
3460  Ce samble .i. drois dragons fiers et envenimez,
      Ce samble estre .i. griffons, tant est desmesurez,
      Ce samble estre .i. drois tingres, tant est durs et crüez,
      Ce samble estre tonnoirrez qui la soit avalez,
      Ce samble estre .i. esclistres, tourmens en obscurtez,
3465  Ce samble as cops qu'il donne qu'il ne soit pas [mortés],
      Ce samble faerie, tant est enracinés
      En force et vertu et en vigueur plantez.
      Tous ceuls qu'il a consieut a par terre portez;
      Daurris et Floridas a par terre versez,
3470  Puis cevauce seur els, pres ne les a tüés.
      Alixandres le voit, moult en est aïrés.
      "Esgar, fait il, seigneur, sui je enfaumentez?
      Ains mez tels hons ne fu ne veüs ne trouvés."
      Adont est Alixandres pres de Porrus alés
3475  Et a haucié l'espee dont li brans fu temprés.
      Porrus cuida ferir mais li cops fu tornés
      Sur le col du destrier que li chiez est volés.
      Porrus chaÿ a pié mais tost s'est relevés,

---

  ·**116.** 3448. s.en enclos.    3449. g.pieres et f.    3454. s.qui n. 3458. *W omet.*    3459. d.lupars.    3461. *W omet.*    3465. *S1* p.montez, *W* c.d.qu'il n.s.p.mortes.    3466. *W omet.*    3469. *W omet.* 3472. Agart.

Moult par fu li chevax par Porrus regretés
3480 "Hé! las! fait il, fauvel, maint jour servi m'avés.
Or estez vous fenis et g'y serai oultrés."
Adont est fort Porrus des Grigois empressez
Boutez, ferus, plaiez et ens ou corps navrez
Tant que li sans li raie par flans et par costez.
3485 En sanc est son viaire vernis et mellentez;
Ce samble, tant est rouge, qu'il ait esté boutés
En vermeille tainture, tant est en sanc betés,
Mez adez se desfent, fiert et tue a tous lés.
Au boin roy Alixandre em prent grande pitez
3490 Pour ce qu'il est tant preus que tous preus a passez.
Bellement l'araisonne et dist, "Porrus, oés
Pour l'amour de la force ou vous estez entrés,
Du hardement seür et de hautez fiertés,
Vous doing congié. Tous sains aller vous em pöes
3495 En une estrange terre ou ne soiés trouvés
De moi ne de mes gens, veüs ni encontrez
Car s'autre fois vous truis, a mort serés livrés.
N'aurai mes pais a vous, li veus en fu voés
Mais por vostre proesce mie ici ne morés.
3500 Fuïés vous ent bien tost sur .i. cheval montez."
Quant Porrus l'entendi li sans li est müés;
Chaus et ardans respont, dolent et enflamez,
"Oncques ne fui, fait il, banis en mes aés,
Ne je ne l'iere, ja miex aim estre tüés
3505 Puis que mes grans lignagez est tous a fin alés:
Melidus, Marciens, Betis, Buchiforés
Et li Soudans de Baudres qui tant fu redoubtez
Et bien .C. mile Yndois dont n'est .i. seul remés.
Et puis qu'ainssi fortune vous a si fortunés
3510 Par sa roe qui tourne dont nous a enchantez
Et que sus la roe estes au plus haut coronnés
Et nous sonmes dessous mis, les cus reversés,
Je ne prise ma vie la monte de .ii. dés.

3481. S1 O.e.fenis v.f. 3483. f.gietes et p.et n. 3485. e.ses visages. 3492. entés. 3493. et des. 3495. t.que. 3496. g.vous ne enconteres. 3501. W omet. 3509. W omet. 3513. de .iiij.

Mes faites une choze si ferés qu'alosez
3515 Que je soie a cheval, vous aussi i serés,
Puis jousterons ensamble corps a corps en ces prés
Et aviegne qu'aviegne qui que sera matez."
"Par foy, dist Alixandres, Porrus, vous y serés!"
Un destrier li amainnent, Porrus i est montez;
3520 Ja sera des .ii. roys l'estour renovelés.

### 117

Or sont li doy monté et leur lancez combrerent
Et coitent lez destriers, fort les esperonnerent
Et li cheval sous [iaus] fierement randonnerent.
A l'aprochier ensamble ruitement se fraperent
3525 Des grans lances de fresne qu'en .ii. les tronnçonnerent.
Les hyaumes depicierent que les pierres volerent
Et li œil de lor testez fort leur estincelerent.
D'yaume, de bras, de pis et d'escus se hurterent
Si angoisseusement que tout doi s'enverserent;
3530 Cul dessous cul desseure en l'erbier trebucierent
Que li cuing de leur hyaumes dedens la terre entrerent.
Si durement chaïrent que leur braiez moustrerent;
Ce fu ains qu'a faire le perier se jouerent.
De l'angoisse qu'il orent .iiii. fois se pasmerent.
3535 Moult longement y jurent et quant se releverent
Les brans du fuerre ont trais, les escus acolerent;
Aus brans forbis d'acier fier caple demenerent.
Tant hïent et tant boutent, tant piquent, tant fraperent
Que la place entour iaus toute en ensanglenterent.
3540 Leur clavains en derompent, leur haubers descirerent,
Pans et bras et leur grevez toutez en desnouerent,
Leur hyaumez a fin or par quartiers decoperent,
Par leur espaules gisent quant contreval verserent.

---

3517. qui y.
**117.** 3524. e.fierent et s.　　3526. l.pieches.　　3528. D'elmes.
3530. tumerent.　　3533. le priier.　　3535. y vinrent.　　3536.1. W
Seure se sont courut que ne se deffierent.　　3537. Au branc d'a.f.　　3538.
p.et f.　　3539. i.trestoute ens.

Tant fierent et combatent et ruites cops donnerent
3545 Que si fort sont lassez qu'asseïr s'acorderent;
Leur alainne ont reprise et si se reposerent.
Quant furent reposé sus les piez se leverent;
Au caple sont venu si le renouvelerent;
Li uns encontre l'autre crüel caple livrerent.

### 118

3550 Moult fu crüel li caplez de Porrus et du roy
Et Grigois le regardent et li Machidonoy.
Plus de .x. .M. en a chascuns autour de soy
Mais n'osent approchier Porrus par nul anoy
Car li roys Alixandres leur ot mis en desroy
3555 Et li doi se combatent par moult crüel arroy.
"Porrus, dist Alixandres, par la foy qu'a Dieu doy,
Je croi qu'il n'a ou monde tel chevalier con toy,
Si preus ne si hardis ne de si ferme aloy.
Je t'ai bien esprouvé au jouster, par ma foy,
3560 Et au capler apris du branc et de l'espoi.
Or t'en reva aurrié car le congié t'offroy,
Et monté, tu auras en don mon palefroy.
Tien toy en une terre estrange loing de moy
Car tu seras destruis se je jamais te voi."
3565 "Sire, ce dist Porrus, je pris poy tel bouffoy;
J'aim miex c'on me detrenche pié a pié, doy a doy
Que je parte de ci; trop auroie d'ennoy.
Tous vengerai nos gens si con je cuit et croi
Quar je vous occirray ici en cel herboy."
3570 "Amis, dist Alixandres, certez ce poise moy,
Puis que tu ne le vœuls, conmençons no tornoy."

---

3547. s.leur.
**118.** 3551. G.les.    3552. .xx. .M.    3555. desvoy.    3555.1.
*S1* Car li rois Alixandres leur ot mis en desroy.    3560. c.apries d.b.sar-
rasinnoy.    3561. r. arriere.    3563. Tient.    3564. W *omet*.
3569. o.droit chi e.

## 119

Crüelle est la bataille du roy et de Porron,
Li uns vient contre l'autre irié conme lyon;
Cascuns le branc ou puig acole le blazon.
3575 Li roys feri Porrus dessus l'iaume royon
Qu'il en trenche le coiffe, le cercle et maint bouton.
Li brans tourne a senestre, par ce ot garison,
Mais de s'espaulle cope et char tele foison
C'on en eüst [moult] bien repeü .i. faucon.
3580 Li espee descent par tel division
Que l'escu et les greves li trenche et l'esperon
Et du nerf de la jambe et .i. poy du talon;
Plus d'un grant pié feri l'espee ens ou sablon.
Li roys retrait son branc qui fu de grant renon
3585 Et Porrus cancela cui ne fu mie bon.
Tout maugré sien le mist li roys a genoullon,
Mais Porrus ressaut sus plus ireus d'un dragon
Et empoigne l'espee, puis a dit sa raison,
"Ha! fait il, mauvais roys, tous a destruction
3590 Nous a mis et menés, moult ies de fier renon.
Mes vendu te sera cui qu'il soit bel ou non!"
Lors va ferir le roy sus l'escu au lyon
Qu'il le coppe et pourfent et puis le haubrejon.
Se li brans ne tournast, fait eüst sa leçon;
3595 Ens ou costé senestre le feri a bandon.
Forment navra le roy dont il ot souppeçon
Car li sans de son corps ist hors a grant randon.
Tout canchelant ala li roys longue saison
Et Porrus li escrie, "Si plaist Marcurion,
3600 Le Baudrain vengerai; Betis et Marcion
Je mett[e]rai vo corps a tribulacion."
"Porrus, dist Alixandres, or laissiez vo tenchon.
Nous sonmes parigal que de fi le scet on;

---

**119.** 3576. et le.   3578. de l'e.   3579. *S1* eust b.   3583.
P.g.d'un p.   3585. lon.   3589. *W omet.*   3592. r.sur. l'e.   3593.
Qui li.   3594. li frans.   3598. r. a genellon.   3601. *S1* J.mettrai.
3603. q.deffit.

J'ai eü un fier cop et vous .i. horion.
3605 Or faisons quite et quite, cascuns emport le son;
Je vous ferai donner .i. destrier arragon
Si vudiés cest païs et ceste region.
Alez vous ent en Angle, en Lugre ou en Ebron."
"Roys, respondi Porrus, je pris poi ton sermon,
3610 Bastars malfortunez de fausse esstracion.
Fiex de l'enchanteour liquels te fist coitron,
Tu ne fus onques fiex au bon roy Phelippon,
Ains iés bastars, chascuns scet bien ceste canchon!
Cuviers! tu nous as mis tous a confusion;
3615 S'en morras, se je puis, batars, fix de larron!"
Quant Alixandres l'ot si fronchi le grenon,
D'ire et de mautalent ot vis taint con charbon.
"Cuviers, dist Alixandres, par les dix d'Aquilon,
Or n'arras tu jamais par [moy] remission.
3620 Jamais ne mengerai de char ne de poisson
Si verrai de ton corps le foie et le pomon!"
Dont viennent l'uns vers l'autre et font grant caploison,
Si est fort la bataille c'ains telle ne vit on.

### 120

Porrus et Alixandres, cascuns fierté demaine;
3625 Tant dura la bataille qui est dure et grevainne
Que chascuns n'a hauberc ne targe de la lainne.
Hyaume, coiffe, ne grieve qui ne gise en la plainne;
Cascuns de tous costez par crüeus plaies saine
N'il n'ont bras, piés ne jambes, espaules, os ne vainne
3630 Que tout ne leur soit mat de dolour et de painne.
Leur cop moult amenuisent, de ce vous acertaine;
Leur espees geterent en la champaigne plaine
Puis acolent l'uns l'autre d'amour assez vilainne.

---

3608. ent en Gaulle.   3613. B.i.c.   3619. S1 p.mon.   3623. S.f.e.
**120.** 3624. *Voir notes.*   3626. t.ne balainne.   3627. Li yaume.
3628. c.de c. plaie.   3629. Qu'il n'o.b.ne p.j.   3631. L.cos.

A luitier se sont pris, chascuns bien s'i demainne,
3635 Et tornent et retornent, enmi le pré demainne;
N'a celui qui ne perde force, pous et alaine.
Andoy sont reverssé aussi plat conme raine,
N'a cellui qui l'angoisse jusqu'au pasmer ne mainne.
Quant il sont revenu pas gesine lontainne
3640 Ne font, ains se leverent en heure bien prochainne.
Chascuns a pris son branc qui pendoit a chaainne;
De son compaignon nuire chascuns .ii. [moult] se painne.

### 121

Or sont li doi vassal sur leurs piés en estant,
Cascuns se combat bien de l'espee trenchant
3645 Mes cascuns s'en aloit forment afobloiant
Et li roys Alixandres va grant dolour souffrant
Car li sans de leur corps va [a] ru descendant.
Li roys feri Porrus sor la cuisse devant
Qui toute nue estoit fors que du jazerant.
3650 Les maillez li [detrenche], le char li va fendant
La moitié de la cuisse et plus li va tronchant.
Porrus ot grant angoisse si chaÿ em pasmant
Car il perdi sa force, se joie ala faillant.
Ce ne fu pas merveille car il avoit fait tant
3655 D'armes et de chevax que nuls, je vous creant,
Ne se doit merveillier s'a terre va cheant.
Quant en ce point le voit, li roys s'i passe avant,
Un autre cop recœvre si le va assenant
Que la teste li va en .ii. moitiez fendant.
3660 La cervelle li va de tous lez espandant
Et Porrus s'estendi d'angoisse qu'il ot grant
Et se giete et detorne et va loing raoulant

---

3635. Au.    3637. W. omet.    3638 W omet.    3641. a sa cainne.    3642. ch. d'iaus moult se, S1 .ii. se.
**121.** 3647. S1 v.au r.    3649. W omet nue.    3650. S1 li detrenchent.    3651. trenchant.    3653. f.sa jambe.    3655. de biaus cops q.n.n'iroit c.    3660. v.a.

Car la mort qu'il sentoit l'aloit moult destraingnant.
Atant fina Porrus, l'ame s'en va partant.
3665 Grieu et Machidonois i viennent acourant,
Arrabis et Caldain et li Hongueriant.
Et Alixandres ot le corps mat et pesant,
Melenté, en sueur taint et verni et sanglant
Car combatus s'estoit a Porrus le vaillant.
3670 Porrus a fait porter o lui a son brehant,
Alixandres le va tendrement regretant.
Li estours est finés si s'en vont departant.
En leur voie trouverent dessus .i. desrubant
Preamuse la belle, pensant, triste et plourant
3675 Qui avoit la esté toudis de l'ajournant
Pour achiever son veu, laquelle ala voant
Qu'elle venroit veïr l'estour fort et pesant.
Or voit que tout sont mort si bon appartenant
S'en a tel duel la belle pour poi ne va desvant.
3680 Alixandres et si honme li keurent au devant;
Gentement le salue li roys au corps plaisant
Et celle se demente et va grant duel menant.
"Bele, dist Alixandres, n'alés point dolousant.
On ne les puet ravoir, pour nient iriés plorant."
3685 Lors l'envoie en la ville li roys demaintenant;
O dis .M. honmez d'armez s'en vont le flun passant.
Dedens Melide furent par les portez entrant,
Ens ou palais Dyane vont aprés ce montant.
La ville est conquestee, grant joie en vont faisant.
3690 Les richez hosteus prennent et s'i vont herbejant;
Cil qui furent navré se font aidier errant.
Grieu et Machidonois se vont esleeschant
Et li roys est as tresz ens ou pré verdoiant.

---

3664. A.s'en va P.   3668. t.en rouge et s.   3672. repairant.
3673. t.desous.   3679. diervant.   3691. atant.

## 122

      Li riches roys [des Grius] la bataille a vaincue,
3695 Toute est la gent Yndoise occise et confondue;
      De bien .C. .M. ou plus [qui] furent de value
      N'en eschapa ains piez, ce fu choze sceüe,
      Fors cil qui s'enfuïrent parmi la roche agüe.
      Des lors que la bataille estoit plus fort ferue
3700 Occis y est Porrus a la chiere membrue,
      Gadifer et Betis qui orent grant value,
      Et li Soudans de Baudres a la fiere veüe,
      Marcïens li Persans, il et sa gent cremue,
      Melidus de Melide qui ot grant convenue,
3705 Ses fix Buchiforas rot la vie perdue.
      Ainssi est leur gent toute matee et confondue
      Et destruite et occise, enfuïe et vaincue.
      Li roys vint a son tref qui proece salue
      Et fist les mors cerquier parmi la plainne herbue.
3710 Marcïen apporterent tout mort sans attendue
      Et le roys Melidus a qui le char tresmue
      Et le Baudrains aussi et autres de value
      Et les ont embierés par bonne convenue
      Couvers de pailes d'or, ou soie est entissue.
3715 Li jours est trespassez, la nuit est parvenue,
      Lez mors toute nuit veillent la gent de paour nue.

## 123

      Ainssi a Alixandres la bataille matee
      Entre li et sa gent de Grece et de Caldee.
      De ses plaies qu'il ot cascune fu bendee;
3720 Les mors veillent la nuit jusques a la journee.

---

**122.** 3694. *S1* r.de la. 3695. Y.matee. 3696. *S1* p.quil, W p.qui. 3699. b.est p.forte f. 3704. connue. 3706. g.morte m. 3711. tressue. 3714. en ens tissue. 3715. t.et l.n.e.venue.

Au matin par sus l'aube montent sans arrestee.
Li roys va vers Melide, il et sa gent armee
Floridas et Caulus, Perdicas d'Aquilee
Et chascune des bieres en li tiere ont portee.
3725 Le flun de Salternie passerent a galee;
Moult les fist honnourer li roys chiere membree.
Dedens la ville entrerent qui haut estoit fondee
Ens ou palais Dyane a fait li roys entree;
Ayme li dus d'Arcade li vint a l'encontree.
3730 Dan Clins et Tholomers a la fiere pensee
De Marcus le saluent puis li font enclinee
Et li roys les acole d'amour enluminee.
"Seigneur, dist Alixandres, bien est vostre œvre alee
Car hors de prison estez sans raençon livree
3735 S'avons la gent Yndois recreüe et matee
Et si est mors Porrus qui tant ot renonmee;
Et li Soudans de Baudrez ou proesce est plantee
Et Marcïens de Perse a la vie finee;
Li rois Buchiforas qui bien frappoit d'espee
3740 Et Melidus ses peres qui leur mort a brassee;
Gadifer et Betis dont moult me desagree
Car en euls estoit toute vigueurs enracinee.
J'amasse miex assez se m'ame soit sauvee
Que j'eüsse perdu du tout et a duree
3745 La moitié dez grans terrez dont mainte ai conquestee
Car se cil .vij. o moy fussent d'amour privee
Bien la reüsse tost par force a moy tornee.
Du vaillant Porrus fust moult bien ma gent paree
Et du Soudant de Baudres de l'autre gent senee.
3750 De male heure voai en la sale pavee
Que pais n'aroie a euls jamais en ma duree.
Quant onques voai ce, folie fu prouvee.
Hé! las! m'entencions en est mate et troublee.
Hé! las! je n'en puis faire jamais jour recouvree.
3755 Las! por coi ne me curent? La choze est mal alee!"
Dont fist li rois des Griex du cuer grant souspiree

---

**123.** 3721. p.sonc.   3733. e.vo cose a.   3737. p.iert p.   3739.
b.fri de l'e.   3747. B.le revisse t.p.f. o m.   3748. f.m.ma g.b.p.

Et dez yex de son chief mainte lerme a plouree.
Aymes le reconforte par parole secree,
"Sire, ce respont Aymez, laissiez vo dolousee,
3760 Fermetez ne fu onques en ceuls enracinee.
Je ne di pas qu'en euls ne fust proece entee,
Hardemens et fiertez et force asseüree,
Mais loiautez y a trop poi pris reposee.
N'aiez fiance en l'en cui proie avés robee.
3765 Li riches roys Clarvus a la barbe meslee
Fu occis par vo forche vers Phezon en la pree;
Et cuidiés que Porrus qui la mort a goustee,
Vous en amast jamais d'amour si bien fondee?
Nennil! Ains fust si tours toudis renouvelee.
3770 Adez sent li mortiers lez aus ou la puvree:
Se servi vous eüssent d'aucune pais fourree
S'eüssent il brassé encore grief puree.
Je ne di pas dez .ii. de Phezon la contree
Gadifer et Betis, c'est male renonmee.
3775 De ceuls est ma pensee dolent et esgaree
Car Gadifers li joinez ma [niece] ot espousee.
Envoiez les .ii. freres sans nulle demouree
Arriere en Ephezon la leur cité marbree
En .ii. beles litierez cascune encourtinee;
3780 La seront enterré a boinne destinee."
"Aymes, dist Alixandres, si soit con vous agree."
Les .ii. freres embierent qui la face ont muee
Et puis les font porter en leur terre loee.

### 124

Li richez roys dez Griex qui tant ot seignourie
3785 Envoia les .ii. frerez en leur cité proisie.
Quant cil au païs sorent qu'il sont mort a hachie

---

3760. en iaus.   3764. en lui c.   3768. d'a.renouvelee.   3769. W *omet*.   3770. A.set l.m.l.a.o.l.peuree.   3771. loee.   3772. peuree.   3776. *S1* m.nience.   3778. membree.
**124.** 3784. Si.

Tous li mons les regrete et pleure et brait et crie.
Ydorus qui fu fenme Betis chiere hardie
En mourut de grief duel, tant en fu coroucie.
3790 A Phezon enz ou temple Venus et Dyanie
D'encoste Cassamus qui ot chevalerie
Enterent les .ii. freres ou vigueurs est norrie.
Mais quant par le païs fu le raisons oÿe
Que toute estoit occise la grant cevalerie,
3795 Phezonne qui estoit en Ynde l'aussauchie,
Qu'a Porrus espous[é], li roys de Mazonie,
Pour le duel qu'elle en ot perdi aussi la vie.
Aussi fist Edea qui tant ot courtoisie
Pour l'amour du Baudrain qui gouvernoit Medie;
3800 Et Elyos la feme Marcïen de Persie
En ot aussi par mort le char mate et transie.
Ainssi d'anui grevain, par duel, par maladie,
Furent lez damez mortez et misez a hachie
Et leur seignour occis a l'espee forbie.
3805 Et li roys Alixandres qui tout le mont maistrie
Est par dedens Melide la cité bateillie
Par devant les .v. bierez en la chambre polie.
Trois jours tous plains les garde le noble gent hardi
Et au quart les enterrent a moult grant seignourie.
3810 Premiers plus pres de Mars mirent a celle fie
En une noble tombe d'or fin et de pierrie
Porrus —moult noblement fu sa tombe afaitie—
Tout armez [de] ses armez fort espee empoignie.
La lame fu d'or fin ouvree et entaillie;
3815 Tout autour de la lame fu escripte et drechie
Lettre d'or qui disoit: "*Ici est enfoiie*
*Le chars d'un des plus preus qui onques fust en vie,*
*Porrus avoit a nom Ynde tuit et Surie.*
*Occis fu en fait d'armez par sa bachelerie.*"
3820 Aprés jut li Baudrains lés li d'autre partie

---

3791. D'e.Cassiel.   3795. l'escavie.   3796. W Que P.espousa,
S1 P. espouser.   3800. E.sa.   3804. a e.   3806. Et.   3808. W
omet.   3809. W omet.   3813. S1 a.dez s., W a.de s.a.s'ot e.   3814.
L'ennemele f.   3815. T.entour.

Bien aussi bel li fu sa tombe appropriie,
Et la tierce place a roys Melidus saisie,
Et Marcïens la quarte ou honneurs fu florie.
[Et cascuns ot sa tombe de fin or eslegie,
3825 Entaillie et ouvree, figuree et polie
Et devisoit la lettre de cascuns la maistrie.
Grans fu li sacrefisce de pors, de bregerie
Et de bués et de vakes et tous jours mouteplie
Car c'estoit li usages de la loy resougnie.
3830 Ensie entieré furent en la chambre voutie.

## 125

Quant Alixandres ot ainsi fait son plaisir
Et entierés les prinches qui firent a cremir
.XV. jours sejourna qu'il ne s'en volt partir
Jusqu'a tant c'om l'ot fait de ses plaies garir
3835 Et sa gent autressi qui moult fist a chierir.
Or peut bien li rois dire et partout maintenir
Que sires est du monde sans en tiere partir
Fors seul que Babiloine u briément vœlt venir.
Aymes le duc apielle li roys sans alentir,
3840 Dan Clin et Tholomer, Philotas de Montir,
Flouridas et Caulus, Perdicas et Daurrir,
Festion et Lyone qui moult porent souffrir,
Antigonus de Griesse et Gratïen de Tir
Et tous ses autres pers desquels devoit joïr.
3845 "Signour, dist Alixandres, bien doi les diex servir
Qui m'ont tant de leur biens fait par guerre enrichir,
Que chascuns est mes hons pour a moy obeïr.
Or vœl a Babiloyne aler que moult desir
Mais tout avant vorrai ma terre departir
3850 Que j'ai chi conquesté et en droit fait partir."

---

3822. t.tombe.   3823. *Ce vers est le dernier qui nous soit conservé du ms. S1; les folios suivants ont été perdus; ce qui suit est le texte de W.*

Priamuse apiella li roys sans alentir
Et li a dit, "Amie, pour vous plus resbaudir
Je vous donne tout Ynde a faire vo plaisir,
S'espouserés Dan Clin pour vous signourir."
3855 Dan Clins et la pucielle l'en vont au piet keïr;
Li roys les maria, ne s'en vot repentir.
Et apriés Tholomer qui grant cos set ferir
Volt il donner Clarette et le fist enrichir
Dou paijs de Phezon pour iaus plus resjoïr.
3860 Aymes li dus d'Arcade qui bien sot escremir
Avoit ce dont fenme si n'i vot avenir.
Si que li roys donna Lyone sans fallir,
La tierche des pucielles pour li plus esbaudir;
Saigremore ot a non, bien en doit souvenir.
3865 La tierche de Piersie leur donne et va offrir
Que Marcijens tenoit par devant son morir.
Ensi orent cil roy acompli lor desir
Et li roys donna tout, riens n'i vot detenir
C'onques en avarisse ne se volt endormir.
3870 Grandes furent les neuches, bien les fist on siervir.
Qu[an]t li rois ot tout fait quanques m'öés jehir,
Son harnois fist monter car il s'en volt partir
Pour aler viers Babiel, la u s'en va morir.
Quant il morut largueche couvint pierdre et fenir;
3875 Onques puis ne se sot sourdre ne surrexir
N'en che siecle mondain ne le pot on veïr.
Je ne sai vraiement qu'elle pot devenir.

### 126

Apriés le mort Porrus dont le roy moult anoie
Se parti li boins roys qui proesche maistroie
3880 Entre lui et sa gent dont il y ot grant moie
Entre boins chevalliers u prouesche s'a...
Et dames et amant esquels amours s'aloie.
Or avés vous oï le chemin et la voie
D'amours premiers et d'armes qui les hardis esjoie.

3885 Se j'ai fait ceste branche mïe repris n'en soie
Car je vous ai parfait ce qu'enpenset avoie.
*Le Parfait du pauon* ensi l'apielleroie
Et apielle le ensi en quel lieu qu'il s'avoie.
Ne l'aijés en despit, li miens cuers vous en proie
3890 Pour chouse chis qui l'a fait a pau de monnoie.
Se povretés n'estoit, dedens me nonmeroie,
Mais aucuns lors diroient —vis m'est que je voie—
"C'est un povres caitis, riens ne vaut s'estudoie."
Et nonpourquant mes maistres pour qui maint dit rimoie
3895 Me peut faire maint bien; Diex l'en mete en le voie
Sire Simons de Lille car lon perd[u] seroie
A tous jours se de li aucun bien n'atendoie
Car pour l'amour de lui n'est drois c'on m'en mescroie,
Ai parfait le pauon, le parfait a grant joie.

## 127

3900 **E**nsi est li paons parfais pour miex parfaire
L'ouvrage de devant qui miex plaist et doit plaire
Que ne fait le darrains qu'en rime ay volu traire
Car il fu fais de sens mieudre et plus secretaire.
Et pour chou qu'il n'est pas de souffisant a faire
3905 **M**on non couvertement vœl en ces viers atraire.
**J**e conmenche mon non, Diex me gart de contraire!
**E**ureuse soit m'ame, es chius ait sen repaire;
**H**autement y soit mis chis pour qui m'i apaire
**A**vœc la saint virge devinne et debonnaire,
3910 **N**e mauvais ne le puist ja en ses las atraire.
**D**iex l'en vœlle eschiver car moult fait a desplaire.
**E**n joie le fache iestre tous jours te frequentaire.
**L**ius et tans est qu'il pense a Dieu qui les biens maire
**E**n pleurs et en souspirs pour s'ame boine faire;
3915 **M**orir le couvenra, c'est cose necessaire.
**O**rdenee est la mors pour lanchier et pour traire.
**T**ous nous couvient finner, nus n'en voist au contraire,
**E**n Dieu est qui tout fist de nous faire et desfaire.

L'an mil .iij. .C. .xl. volt ceste branche faire.
3920 Explichit le *Parfait*, il est tans d'a fin traire
Car biaus canters annoie, che ay oÿ retraire.]

**EXPLICHIT**

# NOTES

**1.** La miniature qui prend à peu près la moitié du folio dans S1 est presque totalement oblitérée par de l'encre; elle est si abîmée que nous ne savons pas quelle scène elle représente. Dans W il y a une miniature qui remplit presque la moitié du folio 233v et qui représente le roi Alexandre entretenant ses chevaliers et ses dames de cour. Il convient peut-être d'ajouter que toutes les cinq miniatures dans W ont été peintes par le même artiste; le même motif de feuilles stylisées se trouve toujours disposé de la même façon autour de chaque miniature, ou de deux côtés seulement.

4. Jaques de Loncguyon: voir l'Index des noms propres.

6. Nous aurons très souvent lieu de commenter sur la négligence du copiste S1, qui a oublié *faire*, leçon de W.

7. S1 a treize syllables et nous sommes obligé d'adopter la leçon de W.

14. Ici, *mouvement* = commencement, i.e., l'œuvre de J. de Loncguyon, *Les Vœux du paon; moilon* = milieu, centre, i.e., *Le Restor du paon*, de Jean Le Court, dit Brisebare.

24. S1 exponctue *ou rese* (cf. le vers 23) après *M*., et emploie un *J*.

25. Porrus (cas oblique, Porron) est le fils de Clarvus. Si Melidus est le frère de celui-ci, il est l'oncle de Porrus. S1 a dû penser à cette relation à l'envers, de neveu à oncle, plutôt que d'oncle à neveu; nous avons suivi la leçon de W. Au vers 124 un garçon explique à Alexandre que Melidus est "oncles a Porrus."

45. *es vers d'autre leçon*, i.e., dans *Les Vœux du paon*.

49. *Gadifer* est au nominatif et devrait avoir un *-s* flexionnel, mais ce nom paraît dans sa forme abrégée dans le texte; nous n'ajoutons des *-s* flexionnels qu'au nom d'Alexandre au nominatif.

**2.** 60. S1 exponctue un *i* après le *t* dans Portugal. Cf. W *Portingal*.

78. La forme abrégée d'*Entre* employée par S1 est *E'tre* (et non *E* + barre + *tre*).

80. Il y a un hiatus entre *que* et *il*. Nous avons signalé tous les hiatus dans la section VERSIFICATION de l'introduction et ne les signalons plus dans les notes.

82. Puisque les deux mss ont *aproprie*, nous le considérons comme correct, et comme une réduction picarde d'*apropriiee*. Cf. TL *apropriier*. Ici, ïe compte comme deux syllabes.

88. Le sujet grammatical de *costie* est *la cité* (v. 84).

97. *et fu a s'estudie*: Alexandre donne son attention à la cité avec l'intention de la prendre.

103. Nous nous voyons obligé de suivre la leçon de W. Il faut l'accusatif *Aymon,* et *Aymes* n'est pas le duc de Gadres (c'est Betis, dans les *Vœux*).

**3.** 112. *a mon chois* = à mon goût.

117. Une raison pour laquelle il y a eu confusion entre les vers 117 et 118 dans *S1* et *W,* c'est que *W* a dû commencer 117 par *Si* (= le commencement de 118) et 118 par *Je* (= le commencement de 117 dans *S1*); mais il n'est pas facile de dire lequel des mss suit l'intention de l'auteur.

127. *S1* écrit l'*e* final de *Sagremore* au-dessus du *r; e* ajouté plus tard?

136. Ce vers nous paraît suspect. *fiers* devrait être au féminin pluriel; remarquer que *W* l'omet.

151. *avoir son bon* = avoir son bon plaisir, ce qu'on désir; have one's way with. *sa ditee* = sa volonté.

**5.** 167. Il se peut que la leçon *bruiere* de *W* soit correcte; *S1* répète la rime du vers 164.

170. *Aymes li dus* doit être interprété comme un accusatif ici; cf. *Ay[m]on le duc* dans *W*.

171. La forme *boisiere* est pour la rime et doit être considérée comme un masculin pluriel.

**6.** 197-98. En l'absence d'articles définis devant deux de ces noms de couleurs de cheval, nous les avons pris pour des noms de chevaux; *le bausant* = un cheval pie.

205-06. *W* pourrait bien être fautif; ces deux vers ont l'air authentiques. Au vers 206, nous avons cru désirable cette émendation du texte, la faute étant probablement due à l'inattention du copiste, qui a écrit *E*.

211. *Jupitel* = *Jupiter,* une forme pour la rime.

**7.** 220. Il se peut que *W* ait conservé la bonne leçon, car *S1* ne fait que répéter le cliché du vers 210.

235. *plus que les saus* = à toute vitesse.

**8.** 243. *en doy* = des deux côtés.

248. Encore une fois *W* est incorrect; il répète les trois derniers mots du vers 247.

257. La leçon de *W* a de la valeur.

266. La forme abrégée de *hardi* est *h'di;* ' dans *S1* signifie *ar* aussi bien que *re, er*.

**9.** 285. On pourrait soulever l'objection ici que ce vers pourrait n'être qu'ajouté, puisque *W* l'omet, mais Jean de Le Mote se permet parfois d'intervenir dans le récit; cf. les vers 1446-1461, 1564.

**10.** 314. Puisqu'il n'y a que onze syllabes dans *S1* et treize dans *W,* nous sommes porté à croire que *S1* a condensé le mot *je(h)ui(it)* (= aujourd'hui) qui contient deux syllabes.

317. La leçon de *W* nous semble la bonne ici, car Melidus parle de sa propre incrédulité. *Eüsse* se trouve dans *W*.

319.1-3. Les vers 319.1-2 sont presque les mêmes que ceux de notre texte aux vers 299-300; 319.3 n'apparaît que dans *W*. L'ordre des vers dans *S1* est plus vraisemblable, croyons-nous. Le copiste *W* s'était probablement rendu compte de son omission et les a ajoutés à la fin de la laisse.

**11.** 321. Il y a une confusion complète, ou mieux, une identité complète, entre *Aymes li dus* et *Emenidus* dans le *Restor;* dans le *Parfait* aussi, semble-t-il. Voir *Emelidon* au vers 371 (= *Emenidus*); voir aussi les vers 480, 885.

324. La construction n'est pas logique, ce nous semble. Si on répète le mot *gardez* après *Mes,* dans le sens de *préservez,* on comprendra correctement peut-être.

337. W a peut-être lu *conclus* comme *condus*; *cl* et *d* peuvent facilement se ressembler.

**12.** 370. Nous avons corrigé *S1,* qui avait omis *de,* pour le faire accorder avec *W,* le compte syllabique se trouvant ainsi rétabli.

371. *Emelidon* = *Emenidus.* Voir la note au vers 321.

372. *Cliton* = *Dan Clin.* Voir l'index des noms propres.

393. Le deuxième *et* dans ce vers a été ajouté plus tard au-dessus de la ligne.

**13.** 406-08. Pour ces vers qu'omet *W,* cf. les vers 16 à 22 du *Restor du paon.* W est certainement en erreur ici, car sans ces deux vers on a un nonsens.

414-17. Nous renvoyons le lecteur aux laisses 67 et 108 pour apprécier la signification fatale de cette représentation.

420-30. Ces dix vers font allusion aux *Vœux du paon.*

435. ces = ceux. Cf. W *chiaus.*

437. Pour faciliter la compréhension de ce vers, nous invitons le lecteur à réarranger les mots ainsi: chilz q.p.l.v.cuide q.v.s.tout Et...

448. Il semble clair que, pour compléter le vers 447, il faudrait ce vers; autrement les mots *et de plus noble endroit* restent suspendus sans résolution; pourtant W l'omet.

**15.** 459. Nous voulons bien qu'Aymes soit le duc d'Arcade (et de Gadres, selon *S1* [voir la note au vers 103]), mais de Cartage en plus, non. Nous nous doutons de la fantaisie du copiste cette fois, car il n'y a pas d'appui dans le texte pour cette dernière qualification, comme pour *de Gadres.* Nous suivons la leçon de *W,* bien que le vers dans celui-ci ne commence pas de la même façon que *S1.* Si on suivait *W* à la lettre, on obtiendrait d'abord une variante dans le nom de Dromadaire, ce qui, nous l'avouons, n'est pas une raison pour rejeter le vers, mais aussi on détruirait le parallélisme grammatical entre ce vers et les deux suivants. Dans ceux-ci on a la construction suivante: Preamus [prist] Cliton, Clarete [prist] Tholomer (i.e., nom., acc., nom., acc.), les femmes prenant les hommes comme compagnons. Donc, il s'ensuit que nous considérons que le premier hémistiche de *W* est incorrect, le deuxième correct, et l'inverse pour *S1.* Il nous a fallu changer le cas de *riches* de *W,* en omettant l's du nominatif (Cf. *li dus* dans *W*). L'article *le* de *S1* montre bien l'accusatif. Se peut-il que *S1* ait copié, par inattention, *de Cartage* du vers 462? Dans le *Roman d'Alexandre* le titre *duc d'Arcage* est commun. Peut-être *S1* fut-il dérouté par *d'Arcage* dans sa source?

461. Dans le *Roman d'Alexandre* il y a le don d'une *terre marage.* Tholomer reçoit l'Egypte dans la Branche IV du roman.

471. *sage* = ceux qui comprennent.

**16.** Cette strophe n'a que les rimes *-ier,* sauf *conter* (502), *deviser* (503), et *trouver* (517), et dans ces trois cas le ms. *W* a la rime correcte.

480. Voir la note au vers 321.

496. *S1* écrit d'abord *Par esperance,* puis exponctue ce dernier, et écrit *plaisance* au-dessus.

**17.** 539. Dans le manuscrit le deuxième *i* dans *avoiie* est écrit au-dessus et entre *i* et *e*.

541. Nous avons changé le *doint* de S1 en *doinse*, la leçon de W, pour garder le compte syllabique.

544. Dans notre copie microfilmée du ms. W le dernier mot est mal photographié; on ne voit que *he-*.

547. Ce vers a été complètement oblitéré par le copiste; nous croyons néanmoins distinguer assez clairement le dernier mot *refroidie*. Nous ignorons la raison pour cette oblitération, car le vers semble assez inutile, mais W l'a gardé.

**18.** 559-60. W écrit les deux mots finals de ces vers: *pres - Marcules*. Dans S1 remarquer *varlés* et *jamés* (568 et 576).

571. Le deuxième *qu'* = parce que.

**19.** 596. S1 s'est trompé en écrivant *a* (voir les variantes). Nous avons adopté la leçon de W. Le copiste S1 a écrit *tient* au-dessus de *a peu*.

**20.** 616. S1 écrit *temps* après *brief*, puis l'exponctue et continue avec *terme*. Nous ne croyons pas que *temps* se trouvât dans l'original, mais que c'était un simple lapsus plumae de la part de S1.

617. S1 emploie des points à mi-hauteur de la ligne comme des virgules. Ibidem au vers 644.

618. La leçon *Excellens plus d.* de W nous paraît supérieure à celle de S1.

638. S1 écrit *d* après le second *fet*, puis l'exponctue. Cf. le vers précédent.

**21.** 665. La supériorité de S1 est ici évidente, car W se contredit: W = Mais dans une affaire d'amour secrète, la discrétion ne vaut rien.

**23.** 713. Nous nous croyons obligé d'émender S1 puisqu'il s'agit des quatre filles (*amies*) de Melidus dans ce vers, et des trois héros grecs (*amis*) au vers 714; l'amour, semble-t-il, a mal partagé les coupes, 4 contre 3 (*mal partie est la voie*).

**24.** 751. *Lors dist E.* = Alors il (le messager) dit à E. E. répond au vers 754.

**25.** 766. Nous signalons qu'à partir de ce vers un autre copiste continue avec le texte. Au bas du folio précédent apparaissent les mots *messagiers leur dit*, mots avec lesquels le prochain copiste doit commencer.

783. S1 écrit *pense et p c.*, puis exponctue le *p*.

788. Treize syllabes; corriger en supprimant *Et*, en accord avec la leçon de W.

800. Dans cette laisse le copiste commence à employer des "points" placés à mi-hauteur de la ligne; nous ne les reproduisons pas parce qu'ils ne correspondent pas, en général, avec l'usage moderne; la ponctuation ici est la nôtre.

814. Le *g* dans *guia* ressemble beaucoup à un sigma ou un g majuscule écrit en petit.

**26.** 820. Le verbe, au pluriel dans ce vers, nous semble suggérer que le poète pense aux troupes qui accompagnent Porrus.

832. Nous avons corrigé le *pour* de S1 pour s'accorder avec la leçon de W: *par*, puisqu'il s'agit d'une formule assez souvent répétée: *par les dieux de....*

## NOTES

841. Il y a hiatus entre *malaise estains*. Il se peut aussi que l'auteur eût écrit *malais(e)té*.

**27.** 851. *S1* écrit *Phesono* [= Phensonne], que nous avons transcrit, pourtant, *Phesonne*.

869. Notre décision d'inclure ce vers comme original dépend de deux considérations: 1. il ne semble pas déplacé, 2. le vers 870 commence par *Ainssi*, ce qui implique une conclusion et au moins un accord entre les deux frères, lequel n'est pas explictement précisé sans ce vers. W a la réputation, comme nous l'avons dit dans l'Introduction, d'éditer des vers dans le *Restor du paon* - judicieusement, il est vrai.

**28.** 875. *S1* écrit clairement *que dea*, se trompant pour *qu'Edea*. Le *restour du paon* est le paon qu'Edea restaura en or et en argent, circonstance qui est le sujet du poème *Le Restor du paon*, œuvre qui précède le *Parfait*.

**29.** 907. Nous croyons que *S1* s'est trompé en écrivant *soilel* pour *soleil*. Il y a la graphie *seloil*, parmi d'autres, mais nous avons préféré *soleil*. W a *solel*.

925. Il est probable que la leçon de W soit la meilleure ici. *S1* a treize syllabes, et il est possible que l'auteur eût eu: *respondent tuit, "Ce ferons..."*

**30.** 970. Ici le copiste emploie *p* avec une barre à travers la queue pour signifier *por* (au lieu de *per, par*) dans le mot *encorporee*.

978. *S1* écrit *et* entre *a*. et *t*., puis l'exponctue.

**31.** 986. Le copiste écrit *fair*.

**33.** W écrit cette ballade comme si elle était en prose, i.e., les vers se suivent sur la même ligne; et au vers 1078 le copiste indique la répétition de *ne porroie* par deux traits au lieu d'écrire les mots. Le mot *escrivee* pourrait être un substantif qui désigne la composition d'Alexandre.

1078. Nous avons gardé le *faire* de *S1*; on s'attendrait à *vivre*. Cf. W qui emploie deux traits et les mots *et caetera*. Pour une petite discussion des dernières rimes de chaque ballade, nous renvoyons le lecteur à l'Introduction (Versification).

**35.** 1096. *appartans* (d'*apartir* (partager)) = ceux qui prennent part au concours?

**37.** 1143. *S1* écrit *b le serentement*, puis exponctue par des points sous *b* et *nte*. On voit que le copiste a hésité entre *serement* et *sentement*. Il est peu probable, croyons-nous, que l'auteur ait répété le mot *serment* surtout devant *l'ai fait*. Nous ne comprenons pas le sens de *surprendre* dans ce contexte. Vu ces difficultés, nous avons adopté la leçon claire, simple et raisonnable de W.

**38.** 1148-49-51. Le copiste écrit ces vers de trois syllabes sur la même ligne, dans toutes les strophes.

1167. Après ce vers, *S1* écrit les mots *autre balade* pour servir de titre à une autre ballade; puis, se rendant compte que ce qui suit n'en est pas une, les barre.

**39.** 1168. Ici et passim le copiste emploie deux points comme un point moderne. Nous ne les transcrivons pas, comme au vers 800. Ces vers sont dits par Aymes li dus.

1173. *briesment* (sic).

1182. *S1* a treize syllabes; à corriger en suivant la leçon de *W*, en supprimant *la*. Cf. le vers 1243.

**40.** 1185. *S1* trompe ici en confondant *Ami* et *Ainc*. *Ami* donnerait trop de syllabes et nous avons adopté la leçon de *W*.

**41.** 1211. *W* a probablement tort, puisque *notee* est la rime au vers 1209.

1231. Et *S1* et *W* ont treize syllabes, à moins qu'il n'y ait pas d'hiatus entre *le aussi*.

1235. *la u je pensoie* = l'homme auquel son cœur aspire. Ce vers se scande 7-5.

**45.** 1305. Nous avons ajouté *bien* au texte de *S1*, suivant la leçon de *W*, pour compléter le compte syllabique.

1318. Nous avons changé la leçon *conmenci* en *conmence*, la leçon de *W*.

**46.** 1333. *vrai* = adverbe.

**47.** 1346. Nous avons changé le *juse* de *S1* en *juise*, la leçon de *W*.

1347. Le copiste avait oublié les mots *me balade* et les a mis après *reprise*, et a marqué avec un point l'endroit où ils doivent être placés.

1348. *S1* répète *je l'ai* dans ce vers.

**48.** 1349. Nous nous sommes retenu jusqu'ici d'exprimer notre opinion de la transcription de toutes ces ballades et de quelques laisses dans l'article de Genrich. Sans préciser les très nombreuses erreurs, nous voudrions mettre le lecteur en garde contre cette transcription.

Entre *Clarete* et *couronnee*, une main postérieure a dessiné un rectangle et a écrit *Deles* (=?), et dans la marge *du pe*$^t$ (avec le *t* au-dessus de la ligne). Nous ignorons la signification de ces mots.

1362. Nous avons réarrangé les deux derniers mots; *S1* est manifestement en erreur ici.

**49.** 1372. *S1* écrit *Cerdtez*, puis exponctue le *d*.

1375. *S1* écrit *fiee* après *fait* puis l'exponctue.

1382. *S1* écrit un *s* à la fin de *fait*, mais l'a changé en *t*, de sorte qu'on dirait que c'est à la fois un *s* et un *t* (qui ressemble fort à un *f*). ...*fins et entree* = la fin et le commencement?, de là, complètement? tout-à-fait?

1388. *S1* écrit *de* après *fait* puis l'exponctue.

1401. Il peut paraître un peu excessif qu'*Aymes li dus* porte quatre noms Aymes, Emenidus, Emelidon, et maintenant Aymelidon; nous avons décidé de retenir la leçon de *S1*, d'autant plus que celle de *W* nous paraît un peu lourde, et répète *donne*, ce qui n'est pas indispensable.

**50.** 1425. Le *parler* de *W* (= un mot perdu, ou 'une cheville") est facile à comprendre; pourtant nous avons gardé le *piler* de *S1*, bien que nous ne sachions pas ce qu'il veut dire. Voir le glossaire.

1431. Il est curieux de noter que le copiste emploie le brachigraphe [9] pour indiquer *ns*. *S1* venait d'exponctuer un autre [9] après le *ro* de couronnons; i.e., *cour*[9]*onn*[9] et *S1* biffe le premier.

1432. Après ce vers *S1* répète 1428.

1434. Pour comprendre *une couronne d'encre* il faut se rappeler que les juges sont en train d'inscrire les résultats de leur décision (1433 ... *en l'escrit vont poignant*); nous présumons qu'ils dessinent avec plume et encre la figure d'une couronne après le nom de Clarete. Cf. aussi *le chapel figurant* au vers suivant.

NOTES 177

1444. *des faiseurs* = des poètes, comme notre auteur.

1449. *S1* écrit l'abréviation pour *Et*, puis l'exponctue; mais *Et* est nécessaire pour le compte syllabique.

1453. Les détails sur Symon de Lille se trouvent dans l'Introduction.

**51.** 1476. *W* commence ce vers avec un *C* majuscule orné, comme pour une nouvelle laisse.

1485. Après ce vers il y a une miniature entourée d'une vigne à feuilles fantaisistes, et qui prend le tiers du folio; elle représente Antigonus donnant le prix à Clarete.

1509. Puisque le vers suivant commence un nouveau folio, il est bien possible et même probable, que *S1* ait sauté le vers 1509 en changeant de folio; aussi l'avons-nous gardé comme authentique.

1514. Nous ne comprenons pas du tout le *paons* de *S1;* et puisque la leçon de *W* nous paraît raisonnable, bien que prosaïque, et nous l'avons adoptée. Godefroy donne le sens de *girouette* pour *paoncel; paons* pourrait-il se rapporter à la révolution de la salle?

**53.** 1534. *S1* écrit *drestriers,* que nous avons émendé en *destriers.* Cf. pourtant *dertrier* au vers 2972.

**54.** 1560. Ici, encore une fois, [9] = *ons* (creant[9]).

**55.** 1569. Puisqu'il n'y a pas de mot *larrais,* autant que nous sachions, nous l'avons émendé en *larris* (= lande, terrain en friche, ordinairement inégal et montueux). Cf. *W lairis.* Il faut remarquer aussi que la rime exige *-is* et non *-ais.*

1573. Nous devons considérer *eult* comme une forme erronée de *eurent.* Cf. *W ot.*

1583. Nous trouvons la leçon de *S1* fantaisiste et drôle, et avons adopté celle de *W* qui s'accorde avec ce que le poète nous dit au vers 875. *S1* devait penser au paon original qui fut rôti et mangé.

**56.** 1601. Nous avons suivi la leçon de *W* dans ce cas, la croyant plus explicite. On dirait aussi, peut-être, que *S1* avait écrit *tenue* comme dernier mot, puis avait changé le *t* en *v,* ce qui signifie que le copiste avait un peu de difficulté avec le texte.

1604. *S1* emploie deux points après *Baudrain,* et deux points après *convenue.* Ils signifient un point d'interrogation? De même, après le vers 1612.

1611. *S1* écrit *plus* après *sans,* puis l'exponctue.

1614. Nous avons adopté la leçon de *W* comme étant très vraisemblable.

**58.** 1635.1. On remarquera que *W* anticipe ici le vers 1640, mais omet 1635 à tort; *W* répète 1640, donc.

1658. Melidus fait allusion au vers 2443 du *Restor du paon,* vers omis par *W* et *Q1* dans ce texte. Dans son discours, Melidus donne en raccourci le sujet principal de ce poème.

1676. Traduction = ...si nous (qui avons déjà accompli nos vœux) faisions un autre vœu de notre côté (dans ce pays), (i.e., c'est aux autres de faire des vœux.)

1685. *.ii.* se lit *d'eus.*

1705. Après ce vers il y a une miniature dans *W* au bas du folio, bordée de deux côtés par des feuilles sur des tiges très longues. Elle montre Alexandre faisant son vœu devant un auditoire de cinq personnes qui l'écoutent.

**60.** 1731. Nous avons adopté la leçon de W qui nous paraît convenir au sens; celle de *S1* semble le résultat d'une inattention.

**62.** 1764. *S1* a ajouté *et* au-dessus de *Tholomer.*
1769. Nous avons adopté le *ce* de W pour corriger le compte syllabique.

**63.** 1792. Il faut élider *je* et *y* pour garder le compte syllabique.
1795. Nous avons rejeté la leçon de *S1 fraour.* Frao[u?]r = flairor = odeur, senteur; ou bien frao[u?]r = freor = frayeur, hésitation. Ni l'un ni l'autre des deux sens convient ici. Nous croyons que le copiste s'est laissé emporter, en employant le mot *fraor* = frayeur, par la pensée qu'Alexandre devrait sentir du dédain pour Melidus. Nous avons adopté W dont le sens s'accorde avec les vers suivants.

**64.** 1807. Nous avons adopté ce vers de W qui nous paraît indispensable.

**65.** 1851. Le copiste semble avoir fait une méprise en omettant ce vers que nous avons suppléé de W.

**67.** 1894. *S1* a dû téléscoper *de gentil* en *dentil,* et nous avons suppléé les lettres qui manquent, d'après W.

**68.** 1900-2. Ces vers nous semblent nécessaires pour expliquer le feu dont il s'agit au vers 1905 et dans lequel Deromadaire va se jeter.
1905. W copie, ou recopie le deuxième hémistiche de 1904, de sorte qu'il nous est impossible de donner une meilleure leçon pour ce vers de *S1* qui a treize syllabes.
1908. Il est à remarquer que l'auteur emploie deux fois *desplaire* comme rime (1904, 1908) et *traire* quatre fois (1896, 1899, 1902, 1906). Pauvreté d'invention?
1912. Le copiste écrit un S majuscule au début de ce vers, puis le biffe.

**69.** 1922. Le copiste emploie un signe de ponctuation *!* (ou au moins un *:*) ici. Nous ne faisons pas attention aux points mis à la fin de plusieurs vers dans ce passage. Voir la note au vers 800.
1924. *S1* écrit *is* après *isnelement,* puis l'exponctue.

**70.** 1953. Cette fois *S1* écrit *Ephezon* pour *Phezon,* forme plus usuelle chez lui.

**71.** 1992. *a fente* = où il y a une ouverture dans l'armure du corps.
2001. Nous avons corrigé *Saigremors* en *Saigremore,* la leçon de W, pour garder le compte syllabique.
2003. *S1* écrit *que miex assente,* puis exponctue *ex.*

**72.** 2012. *S1* a treize syllabes; à corriger en omettant le *la.* Cf. W.
2014. *S1* a treize syllabes; Corriger en adoptant le verbe au singulier comme écrit le copiste W?

**73.** 2045. Le copiste écrit *sur moy vous,* puis barre *moy.*
2063. *fera* = férira. Pour compléter le compte syllabique, nous avons incorporé le *si* de W. *S1* a écrit *f. a a.* et puis a exponctué ce premier *a;* Godefroy ne donne pas la forme *araamie.* En écrivant *aa* S1 a voulu peut-être ajouter une syllabe de plus?
2070. *S1* a treize syllabes. W se trompe ici, ce nous semble, en répétant la rime *aramie* du vers 2063.

# NOTES 179

2071. *S1* a renversé l'ordre des vers, croyons-nous; nous comprenons qu'Antigonus (dit Buchiforas) avait fait un vœu éloigné (*lointain*) de couardise (i.e., courageux), pendant qu'il était échauffé (*enflamé*) et brûlant d'émotion (*ardant*) à cause de (*par*) sa volonté courageuse. Nous avons donc imité l'ordre de W.

2079. Il y a treize syllabes dans ce vers; faut-il supprimer le *La*? Cf. la leçon de W.

**74.** 2080. *le restor* = le paon restauré.

2081. Nous avons pris *S1* à la lettre: *son* + barre + *t* = *sonnt*.

2095. *S1* écrit *vertu*, puis exponctue le dernier trait vertical de l'*u*.

**75.** 2105. Le nombre des variantes s'accroît à partir du récit des batailles; la raison nous semble venir du fait que la matière est plus commune, ou plus populaire, et le copiste s'arroge le droit de l'arranger avec plus de liberté; la trame de l'histoire souffre bien moins que dans d'autres parties du récit.

2108. *S1* écrit clairement *nuicie*, avec un *c* plutôt qu'un *t*, comme dans W. Nous avons décidé de considérer ce *c* comme un *t* très mal formé. Il se peut que le copiste eût voulu écrire *nuictie*.

2121. Nous croyons qu'étant donné le sens que nous assignons à *adversine*, la leçon de W est meilleure, et nous l'avons adoptée. *S1* a pu lire *matee* comme *ma t're*.

2125. Il se peut que nous eussions dû écrire *costé*, mais puisque *le* = *la* en picard si souvent dans ce texte, au moins dix-sept fois en dehors de ce texte, nous avons considéré *coste* comme féminin.

2127. Remarquez l'assonnance *signe*.

**76.** 2136. *laine* (sic).

2143. W écrit bien *no p* et laisse blanc le reste. Dans *S1*, *merrés* = le futur de *mener*.

2144. Puisque les deux mss s'accordent aux vers 2113 et 2167 (et dans *S1* au vers 2165 aussi) sur six *batailles,* nous avons adopté la leçon de W: *siste*.

**77.** 2163-66. Il paraît clair que la raison pour laquelle W a omis ces vers est que les vers 2163 et 2167 commencent avec les mêmes mots. Le vers 2163 n'a que onze syllabes.

2172. *Corps* n'est pas une variante légitime, selon Godefroy, de *cors*, le mot qui convient ici, mais nous l'avons gardé, néanmoins.

2175. Onze syllabes, à moins qu'il n'y ait un hiatus entre *yaue* et *en*. W en a donc douze.

**78.** 2197. *S1* écrit *couv'c te* que nous avons transcrit *couverte*.

2202. Nous ne parvenons pas à comprendre la leçon de *S1*, que nous considérons comme fautive et que nous avons changée pour suivre celle de W.

**79.** 2213. Le *frerour* du copiste nous paraît une méprise pour *freour*, la leçon de W que nous avons adoptée.

2236. A partir de ce vers il y a un changement de copiste.

**82.** 2269. *a mon frain* = à mes rênes (= côtés).

2271. Pour garder le compte syllabique, nous avons inséré *moy*, la leçon de W.

**83.** 2309. La miniature qui apparaît en haut du folio de W, après ce vers, est entourée de la même façon que les miniature précédentes. Celle-ci montre Preamuse, une branche feuillue à la main, prête à monter sur son destrier. Cf. les vers 2310-13.

**84.** 2335. Il se peut que le copiste ait voulu exponctuer le *p* dans *corpbs* car il y a un point léger en dessous.

**85.** 2343. *Vaist*, orthographe curieuse pour *vait*. Influence de *vais*?

2380. Larris est el-Arish sur la côte égyptienne entre Damiette et Gaza; voir Elliot Monographs, 40, p. 171.

2384. Il est évident que *S1* se trompe ici en répétant une partie du vers précédent, et nous avons substitué la leçon de *W*.

**86.** 2396. *S1* écrit *po* après *negligent*, puis l'exponctue.

2402. Nous croyons que *S1* s'est trompé tout simplement (son œil s'est rapporté peut-être au vers suivant *Prist*?), et nous avons adopté la leçon de *W*.

**87.** 2425. *S1* écrit *Malchidonois*, puis exponctue le *l*.

2430. On s'attendrait à *mes freres Gadifer*. Avec cet ordre inhabituel, le vers a treize syllabes.

2437. Le copiste a écrit *coadjouster*, puis a exponctué *co*; son œil s'était laissé égarer à *couarder* au vers suivant?

2445-46. Remarquer l'allitération (*ttt*) et l'anaphore (*tant*).

2448. Nous n'avons pas de très bonnes raisons de rejeter ce vers de *W* et nous l'acceptons comme original, étant donné que *S1* est souvent défectueux.

2449.1. Ici, pourtant, *W* répète une partie du vers 2456 et nous devons le rejeter.

2460-61. L'ordre des vers dans *S1* est 2461/2460. Il nous semble que la source de nos deux manuscrits a renversé l'ordre aussi, car si on considère 2461 (= 2460 comme l'a écrit *S1* d'abord) partie de la phrase précédente, on a *Sonnent tabour... Naquaire et gros tabour*, avec cette répétition de *tabour*. On voit que *W* a essayé de mettre le verbe *oïssiez* en tête de la phrase pour que *naquaire, cors, tabour*, etc. servissent de régimes directs à ce verbe; mais il a gardé une partie du vers 2461, que *S1* a écrit en premier. *S1* et *W* renversent donc l'ordre, comme leur source. Tout devient clair en rétablissant dans *S1* l'ordre original.

2464. Remarquez l'allitération des *f*.

2469. *S1* écrit le second *a* au-dessus de la ligne, comme s'il l'avait ajouté après.

2476. Il nous semble que les mots *li va* dans ce vers trouvent leur contrepartie dans les mots *li revient* du vers 2478, et nous l'avons adopté comme original.

2477. *S1* a ajouté plus tard le *r* de *brandi* au-dessus du *b* et du *a*.

**88.** 2490. *S1* écrit *Festioni* puis exponctue la dernière lettre.

2498. Nous considérons ce vers comme indispensable. *W* a donc tort de l'omettre.

2518. Dans *S1* il y a, en face des vers suivants, un dessin du paon monté sur une stèle.

**89.** 2550. Le copiste écrit *ccrie* mais exponctue le premier *c*.

2556. *S1* écrit *Caulus fo Floridas*, puis exponctue *fo*.

**90.** 2576. Le copiste a écrit *roys* au lieu de *Li brans*, par inattention, croyons-nous, celui-là étant si fréquent que les copistes devaient l'écrire sans se rendre compte de ce qu'ils écrivaient; nous avons adopté la leçon de *W*.

## NOTES

**92.** 2640. Nous avons adopté la leçon de W, *gremis* = me désole, parce qu'elle fournit un sens très acceptable et parce que celle de *S1* ne donne que onze syllabes.

**93.** 2654. Nous favorisons pourtant la leçon *Et* de W, et craignons que *S1* ne se soit laissé aller à copier le *Puis* du vers précédent. Le copiste est sans doute responsable de la forme *mont* (pour *monte*, la forme normale).

2686. Au bas du folio précédent le copiste avait écrit *Que li B. avoit*, pour indiquer le vers qui allait venir en tête du folio suivant. En recopiant ce vers il a oublié *avoit* qui apparaît dans W.

2687. *Roys Alixandres* devrait être *roy Alixandre* (au génitif).

2688. Bien qu'il ne soit pas absolument indispensable de considérer ce vers comme original, il nous paraît s'amener si spontanément et si heureusement que nous avons décidé de le traiter comme tel. Cf. le vers 3029.

**94.** 2689. C'est par inattention que *S1* a écrit *freres* au lieu de *fieres*, la leçon de W que nous avons adoptée.

2697. Le copiste semble bien distrait par ici (cf. les vers 2686, 2687, 2688, 2689, 2706, 2713) et a omis le *-dent* que nous avons copié de W.

2706. Le copiste écrit *Quail*, puis exponctue l'*i*.

2713. Ce copiste écrit *son cuer ventre*, puis exponctue *cuer*.

**95.** 2757. *S1* écrit *p[ro]curent*, avec l'abréviation pour *pro*. *Procurent* ne nous semble pas avoir de sens ici et nous avons pris la leçon de W, *parchurent* = apperçurent, et nous supposons que *S1* s'est trompé de signe d'abréviation.

2758. Le copiste écrit *lance e*, puis exponctue *e*, puis ajoute *et* au-dessus de ce dernier.

2759. Nous croyons que le copiste se trompe encore une fois, par inattention, en écrivant *n'avoit* pour *manoit*, la leçon de W que nous adoptons. Voir au vers 2762: un guerrier dépourvu de fiere chevalerie ne *fiert, frape et tarie* pas.

2763. *ot sa chanchon fornie* = avait fini sa chanson = l'avait abattu, tué.

2771. *S1* écrit *Qua ffuir*, puis exponctue le premier *f*.

2772. Nous avons considéré ce vers comme original parce qu'il nous semble fournir un sujet bien défini pour les verbes *abat, costie*, et *cope*. *Marciens*, au vers 2770, nous paraît plutôt éloigné.

2775a. Après nous être trompé plusieurs fois dans la numérotation des vers pendant la préparation de cette édition, nous avons décidé de laisser cette nouvelle erreur découverte à la dernière minute - à notre désespoir.

2793. Il faut qu'il y ait élision entre *De* et *yex*. Cf. W *D'ieus*.

**96.** 2817. Remarquez l'inversion de l'ordre des vers dans *S1*. Nous avons corrigé la forme *soulaus*. *Soulas* est la forme normale pour *S1*.

2827. Le *Et* de *S1* nous semble fautif et nous l'avons remplacé par le *Tint* de W.

**97.** 2832. Ce vers, copié de W, doit être inclus dans le corps du texte, autrement il n'y aurait pas de sujet grammatical pour les verbes *consivi, copa*, et *fendi*.

2834. La leçon *les bras* ne nous semble pas la meilleure, et nous avons adopté celle de W.

**98.** 2860. Le copiste écrit le *n* de *n'ara* au-dessus de la ligne, l'ayant oublié.

2864. Onze syllabes. La leçon *Et li yaue* de *W* est meilleure. La source de *S1* a dû écrire Li aue (ave). Cf. 2175.

2871. Le copiste écrit *N'y a u mes,* puis exponctue l'*u.*

2880. Bien qu'il ne soit pas notre devoir de commenter les aspects littéraires de cette œuvre, nous signalons néanmoins au lecteur la facilité rhétorique de notre auteur, notamment dans ces vers où il y a un exemple particulièrement frappant de paregmenon: *acordé, descordé, encordé, recordé,* et de polyptoton: *acorde ... acordé, descorde ... descordé, corde ... encordé, acorde ... recordé.*

2882. *S1* écrit *male acorde,* mais exponctue l'*a.*

2886. Le copiste écrit *seront,* puis exponctue le *t,* et ajoute un *s* au-dessus de la ligne.

2887-88. Il est évident que le copiste a sauté du commencement du vers 2887 à la fin du vers 2888. Nous avons utilisé *W* pour remplir le vide, bien que *W* ait treize syllabes. Il est devenu très clair, n'est-ce pas, que *S1* est assez négligent? Mais nous affirmons encore une fois que ses leçons individuelles sont meilleures, en général, que celles de *W.*

**99.** 2912. Nous sommes obligé d'adopter le *plus* de *W* pour garder le compte syllabique.

2921. La leçon de *W* est suspecte parce qu'elle répète en partie le vers 2930.

2925. Le copiste écrit *gre,* puis *no* (?), puis ajoute l'abréviation pour *our,* et essaie de changer *no* en *in* (?). Le mot, de toute façon, est *greinour.*

2927. La leçon de *S1* nous paraît trop confuse et inintelligible pour que nous puissions la justifier; nous avons donc adopté celle de *W.* L'inconvénient c'est que *W* répète les deux derniers mots du vers 2920. *Pis* est au masculin, et *mainte pis est hinee* n'est pas possible non plus.

2932-35. Il nous est difficile de laisser passer sous silence ce bon exemple d'anadiplose: scïence...sïence...langue...langue...maniere...maniere. Au vers 2932 *S1* emploie la lettre *p* avec une barre à travers la queue pour signifier *por* (dans *encorporer*).

**100.** 2952. Le copiste *S1* avait dû oublier qui est l'interlocuteur. Nous écrivons *Son,* d'après *W,* la leçon qui s'impose.

2955. Encore un exemple de l'inattention du copiste qui, cette fois, a pris *pourfent* pour *P(i)ersant.* C'est ce dernier qu'il faut après le verbe *encontra* (2953).

2982. La leçon de *W* paraît bien tentante, mais se pourrait-il que ce copiste eût confondu *correie* (= coroie, corroie) et *coree* (= viscères de la poitrine, ce qui tient au cœur, le foie, la rate, intestins, entrailles)? Il est tout à fait possible que le poète ait voulu dire que l'épée avait *piquié* la courroie de l'écu que tenait Marcien. Il faut aussi mentionner le hiatus *jusque au,* pour garder le compte syllabique. En plus, on dirait que le copiste avait d'abord écrit *piguier,* puis a changé g en q. Enfin, on pourrait remarquer le genre du mot *foie.* Aux vers 2861, 3006 *le foye,* au vers 3099 *li foie.*

**101.** 2993. Le copiste écrit *Baudraes,* puis exponctue l'*a.*

3004. Faut-il voir ici un exemple d'erreur commune? *S1* et *W* donnent *par tele randon* alors que le mot est masculin. En plus, en le rendant féminin, ce vers contient alors treize syllabes.

3024. Le copiste écrit *destrieri* puis exponctue l'*i.*

**102.** 3049. *Coment* (sic). *S1* a oublié le trait au-dessus de l'o.

**103.** 3055. *taille* = impôt: i.e., a payé avec sa vie.

**104.** 3076-77. Remarquez que *W* a renversé l'ordre des derniers hémistiches.

3077. Par inattention le copiste a oublié *son* que le texte de *W* nous fournit.

3078. Nous croyons qu'il est plus probable que *dansiax* ne fait pas partie du discours direct, car Betis dit ensuite qu'il n'y a personne (*piés*) excepté lui qui soit resté vivant sur le champ de bataille (vers 3079). Cf. aussi *W* dont nous avons emprunté le *li* pour corriger le *il* de *S1*.

3091. Le copiste avait écrit *s'est a ses .ii. mains* mais a exponctué *ses* avec un seul point sous le premier *s*.

3114.1 Ce vers de treize syllabes ne fait que répéter des parties des vers 3113 et 3115, avec une variante mineure. Remarquer que *S1* 3114.1 et *W* 3113 se ressemblent quant à *qu'il orent*. Aussi avons-nous dû rejeter ce vers.

3149. *Metterés* doit être compté deux syllabes.

3193. Ce vers n'est pas hypermétrique; il peut arriver que *e* suivi de *s* soit élidé quand il précède une voyelle. Voir Tobler, p. 76. Voir pourtant les vers 3419, 3450, 3680.

**107.** 3209. *Qui* = qu'il.

3210. Le copiste écrit *D'angoisse Dan Clins,* puis dessine un trait à travers *Dangoisse*. Un exemple de plus de notre copiste distrait.

3214. Le copiste, encore par distraction, écrit *je voy ceens* pour *je voai ceens,* le texte de *W* que nous avons adopté. Il se peut que *S1* ait employé *voij* comme un parfait.

**108.** 3229-46. Nous rappelons au souvenir du lecteur que Didon, en voyant partir les Troyens, se transperce le cœur après s'être jetée sur un bûcher. La pauvre Deromadaire qui avait cette scène dans la chambre amoureuse (vers 415-417) toujours sous les yeux, a imité la mort tragique de la reine; cf. le récit de cette mort au Livre IV de l'Enéide.

3242. Après ce vers il y a dans *W* une miniature plus petite que d'ordinaire, entourée de deux côtés de feuilles. Elle montre Tholomer et Dan Clin et deux autres chevaliers en train d'envelopper le corps de Deromadaire dans un linceul.

3252. Il est évident que *dœl* manque dans *S1*, et pour compléter le compte syllabique nous l'avons emprunté à *W*.

**109.** 3291-92. Nous préférons les leçons de *W* dans ces deux vers; elles s'imposent, croyons-nous, vu la poursuite des Grecs.

**110.** 3307.1-3. Nous considérons ces trois vers comme l'invention du copiste *W*.

3308. Nous aimerions garder Lyonbarre (cf. l'alliteration de *l*) mais, si le copiste ne s'est pas trompé, nous devons lire *Lyon, Barré* pour garder le compte syllabique.

3309. Pour compléter le compte syllabique nous avons adopté la leçon de *W*.

3311. Même remarque que pour le vers 3309. Le copiste a dû être, encore une fois, très pressé.

**111.** 3317. Tout en haut d'un nouveau folio le copiste répète les trois vers 3315, 3316, et 3317, avec ces petites différences: 3315 (2ᵉ fois): *Q.v.C. coment* (sic)..., 3316 (2ᵉ f.): *C.i.t.la hache*..., 3317 (2ᵉ f.): *C.i.fieirt*... Pourtant la première fois pour le vers 3316, le copiste écrit *C.i.t.la lance*...; nous avons adopté *la hache* parce qu'à la répétition de ce vers il y a *la hache;* parce que *hache* apparaît dans W; parce qu'il s'agit de *sa hache* au vers 3320. S1 a dû inventer *la lance* la première fois.

**112.** 3337. L'orthographe des mots rimés dans W est partout *-iet*. *Grigoies* (sic).
3338. Le copiste écrit *mais cil*, puis exponctue le *c*.
3343. Le *auaugrant*, erreur d'inattention, nous autorise à adopter l'*auquant* de W.
3348. Le copiste écrit *coprps*, puis exponctue le premier *p*.

**113.** 3369. Le copiste écrit *ains fait ne*, puis barre *fait*.
3376. Le copiste écrit *ruissel* sur la ligne précédente, sans qu'il en eût absolument besoin; il y a assez de place pour le mot sur la ligne à laquelle il appartient.
3382. Le *fu*, omis par S1, est la leçon de W qui a douze syllabes.

**114.** 3386. La façon habituelle du copiste d'écrire *Baudres* est ici déformée par inattention; nous avons cru devoir corriger *Baudrans* de peur que le lecteur ne s'y trompe. Voir les vers 3441 et 3507. En plus, *Baudrans* ajouterait une syllabe.
3398. *ferir comme clerc en chapelle* = ironique? le clerc se fraye un passage à la chapelle bondée?
3402. Le copiste écrit *gravaelle*, puis exponctue, avec un point, le deuxième *a*.
3404. Encore un exemple de la paresse du copiste: il ne s'est pas efforcé de déchiffrer le mot *faucons* qui se trouvait très probablement dans le texte qu'il copiait. W nous fournit cette leçon très vraisemblable. En plus, la leçon de S1 ne donne que onze syllabes.

**115.** 3412. On dirait que le copiste écrit *V. fi*, mais puisqu'il est souvent négligent, nous l'avons transcrit *si* pour ne pas transcrire un nonsens.
3419. A l'encontre du vers 3193, *es* + *e* (*cervelles espiautra*), il n'y a pas d'élision entre ces mots. De même au vers 3450 (*Espees et*) et au vers 3629 (*espaules, os* [*es* + *o*]).
3421. Il nous paraît remarquable que le verbe *geter* se trouve répété trois fois dans les vers 3421-22-23. Leçons suspectes?
3424. Le point d'exclamation après *Hé* se trouve dans le manuscrit; il s'écrit ainsi: : .

**116.** 3465. Nous favorisons la leçon de W, *mortés* (= mortel, i.e., humain). S1 a pu méprendre un *r* pour une barre.
3481. Le copiste, par inattention, écrit *Or estez fenis vous fenis* ... et nous avons omis le premier *fenis*.

**117.** 3523. C'est le texte de W qui nous fournit ce *iaus*, omis par négligence dans S1.
3539. Le copiste fait d'abord l'abréviation pour *-our*, puis finit *entour* avec les lettres *our*, puis raye l'abréviation.

**118.** 3551. Nous préférons pourtant la leçon *les* de W (= Alexandre et Porrus).

3554. On s'attendrait au cliché *mettre en desfoy* = interdire; i.e., Alexandre avait défendu à ses hommes d'intervenir. Le *desvoy* (= lieu écarté) a un sens proche de *desfoy*.

3555.1. *S1* commence ici un nouveau folio et répète au haut le vers 3554, mais cette fois écrit *rois*.

3561. On s'attendrait à *arriere* (Cf. W) mais il se peut que *S1* pensât à *aroié* (= équipé, armé); i.e., Alexandre laisse à Porrus ses armes, tout en le banissant et lui offre son palefroi. (Cf. *monté*). Aussi avons-nous gardé la forme *aurrié*.

**119.** 3579. C'est de W que nous adoptons *moult* pour compléter le compte syllabique.

3581. *S1* écrit *espon* (avec une barre à travers la queue du *p*). P + barre = *per* aussi bien que *par* dans ce ms.

3590. Il est curieux que les deux mss se lisent *a;* on s'attend à *as*. Cf. *ies*. Erreur commune?

3601. Pour garder le compte syllabique nous nous croyons permis d'adopter la forme *metterai*, la leçon de W. D'ailleurs, le copiste *S1* emploie souvent les formes avec l'*e* svarabhaktique.

3619. Le copiste se trompe ici et nous avons adopté la leçon de W.

**120.** 3624. L'ordre des folios du ms W est incorrect, de sorte que l'ordre des vers tel qu'ils apparaissent est: 3624, 3657-3676, 3677, etc.

3637-38. La raison pour laquelle W a omis ces vers se trouve peut-être dans le fait que les vers 3636 et 3638 commencent avec les mêmes mots, et les yeux du copiste les ont confondus.

3642. Pour compléter le compte syllabique nous avons ajouté *moult*, leçon de W.

**121.** 3647. Nous nous croyons permis de corriger la leçon *au ru* en *a ru* (= à flots), celle-ci se trouvant dans W.

3650. Le copiste, toujours négligent, s'est laissé influencer par le pluriel *maillez* et a écrit *detrenchent*, que nous avons émendé en *detrenche*, leçon de W.

3653. Il se peut que *sa jambe* soit la bonne leçon ici car *se joie* nous paraît assez inattendu.

3658. Le mot *assenant* dans *S1* n'a que les lettres *a....ant* de visibles; nous avons complété le mot selon le texte de W.

3660. Dans W, après ce vers, il y a une miniature bordée comme toutes les autres, qui représente Alexandre et Porrus aux prises.

3668. *Sueur* a deux syllabes, ce qui donne treize syllabes à ce vers. La leçon de W est vraisemblablement la bonne.

3680. Voir la note au vers 3193.

**122.** 3694. Nous avons adopté la leçon de W pour corriger le nonsens du copiste, qui a sauté de *de*[s Grius] à *la b*.

3696. *S1* se trompe ici, croyons-nous, en écrivant *quil;* nous reproduisons le *qui* de W comme émmendation.

3697. Le copiste écrit ... *piez ce fu che fu choze* ... Nous avons supprimé *che fu*.

3702. Le copiste écrit *Baudraes*, mais exponctue l'*a*; en plus, il écrit *siere* au lieu de *fiere*, mais il confond *s* et *f* si fréquemment que nous n'y avons pas fait attention, sauf exception, dans les notes.

3711. *tresmue* = se change, i.e., tressaillit à la proximité d'Alexandre?

**123.** 3745. Le copiste répète *la moitie* dans ce vers, sans l'exponctuer; encore de la négligence qui explique tant d'erreurs dans ce ms.

3753. Le copiste écrit *mate et pro t.*, puis exponctue le *pro* (qui vient du vers précédent: *prouvee*).

3755. *me curent* = se soucient de moi. Partout dans le Roman d'Alexandre, Alexandre désire ardemment que ses ennemis servent dans son armée.

3768. Dans W, la leçon *renouvelee* à la fin de ce vers devrait être celle du vers suivant, ce qui indique que W omet véritablement le vers suivant.

3776. Le copiste met une barre au-dessus du premier *e* de *niece*, par inattention, peut-être, car *niece* veut dire simplicité, bêtise. Nous avons adopté la leçon raisonnable de W. *Joinez* est une variante de *jovenes*.

3778. *Ephezon* = *Phezon*, l'orthographe plus usuelle dans ces deux mss. *S1* emploie un *E* majuscule.

3783. Le copiste écrit *t'ee* que nous avons transcrit *terre*.

**124.** 3796. Nous avons décidé de garder *Qu'a* (W: *Que*), ce qui nécessite l'émendation d'*espouser* en *espousé*. La leçon de W est aussi plausible.

3813. Nous nous croyons permis de changer *dez* en *de* dans ce vers, selon W. En plus, il se peut que *S1* se trompe en écrivant *fort;* à remplacer par *s'ot*, leçon de W?

3818. *avoit a nom* = avait droit à?, tenait en son nom?

**125.** 3881. Le reste du mot manque. Peut-être *aloie*? - mais *aloie* aurait le même sens dans le vers suivant.

**126.** 3896. *lon* = lonc. Il y a un trou dans le ms ici après *perd*—.

**127.** 3918. Pour avoir mal lu et étendu trop loin l'acrostiche, l'abbé de La Rue appelle à tort l'auteur Jean de Le Motelec, erreur reproduite par différents compilateurs qui l'ont copié; voir P. Meyer, *Alexandre le Grand*, I, 270. Sans même connaître le nom de notre trouvère, A. Dinaux, dans ses *Trouvères....du nord de la France*, t. IV (Paris et Bruxelles), 1863, p. 333, déclare qu'il "a dû naître à Mons ou à Valenciennes."

# GLOSSAIRE

On n'y trouvera que les mots les plus difficiles et pour lesquels Godefroy ne donne pas de définition, ou ne donne qu'un ou deux examples pour illustrer sa définition; en plus, nous offrons quelques mots-pièges qui pourraient dérouter le lecteur. L'abréviation TL veut dire Tobler-Lommatzsch, *Altfranzösisches Wörterbuch.*

**abandonner,** v. act., donner abondamment 640.
**acline,** *a*dj., estre acline = être endurée? Ou, peut-être dans un sens technique: rangée en bataille. Cf. *Aiol* 1407: "Au premier somme quant l'ost fu aclinee / S'en sont issu coiement a celee." 2112.
**acoler,** v. act., monter jusqu'au cou (pour le protéger?) 3536.
**acorder,** v., conclure, convenir d'une chose 1433.
**adjouster,** v., s'approcher de 1514.
**adversine,** adj., une forme pour la rime de *avers* = TL feindlich (ennemie) 2121.
**affiner,** v. act., certifier, assurer 2111.
**agrami,** adj., aigri 2103.
**amenuir,** v. act., diminuer 3631.
**anichiller,** v. act., annihiler 1251.
**anoy,** s. m., sentiment d'irritation ou de mécontentement 3553.
**aproprier,** v. act., TL zurecht machen, préparer 82.
**arroy,** s. m., manière 3555.
**assay,** s. m., danger 2014; attaque, assaut 2265.
**assenee,** p. passé, nantie, lotie 1226.
**assir,** v. act., assiéger 156.
**atains,** s. m., accueil? subst. formé sur ataindre? une rencontre? 830.
**atour,** s. m., disposition des troupes? 2210, 2220.
**atraire,** v. act., introduire 3905; attirer 3910.
**attente,** s. f., confiance 1983.
**aurrié,** adj., équipé, armé? 3561. Voir note au vers 3561.
**avision,** s. f., manière 3021.
**avolenter,** v. act., soumettre, incliner 636, 1234.

**bataille,** s. f., corps de troupes 1939, 2103, 2114, 2129, 2132, 2138, 2163, 2193, 2324, 2342, 2505, 3126.
**boisiere,** adj., trompeur 171. Voir note au vers 171.
**bonne,** s. f., borne 3045. (orthographié ordinairement *bodne*)
**bregerie,** s. f., sorte de grain servant à faire de la bière 93; TL Schafherde, troupeau de moutons 3827.

**capel,** s. m., couronne 990. (**chapel** 1012).
**cercle,** s. m., TL Reif am Helm, cercle, anneau sur un heaume 3356, 3576.
**certainne,** adj., TL zuverlässig, echt; estimable, honorable 2149.
**champaigne,** s. f., champ de bataille 3632.
**comprendre,** v. act., engager, livrer (bataille) 1884.
**compresure,** s. f., nécessités, encombrements (biens du monde?) 687.
**conmemoracion (avoir en),** phr. verb., avoir quelquechose dans la mémoire [avec l' intention de le commémorer par quelque écrit, récit, acte, etc.?] 7.
**conroi,** s. m., TL Handlungsweise, manière de se comporter 134.
**contour,** s. m., entourage, territoires environnants? 2517.
**contraire,** s. m., opposition, dommage? 3300; **a contraire,** loc. adv., à chagrin, au malheur 3295.
**contretenue,** s. f., résistance 2836.
**convenue,** s. f., TL Verhalten; comportement (retenue, modération?) 3704; convention 3713.
**coradois,** s. m., cor à doigts, précurseur de la cornette 1523, 2459, 2797.
**costine,** s. f., petite côte (une forme pour la rime de *coste*) 2128.
**costir,** v. act., frapper 2773.
**creté,** adj., se réfère au cou gonflé du naja? 3459 (TL mit geschwollenem Kamm; mit gesträubter Mähne. TL cite des passages où se trouvent *doi serpent cresté*, aussi bien que des *lyons crestés*.
**creü,** s. m., recrue? vétéran? 2255.
**crïer,** v., TL besagen, traiter de, se concerner de 1040.
**crueuse,** adj., fem., TL schwierig. Matere c. = matière difficile à travailler, à ciseler 403.
**cuivrer,** v. act., TL behelligen, importunen; stören, troubler; tourmenter 727.
**curaidie,** s. f., souci, tourment 2070.

**deffois,** s. m., difficulté; **sans d.** = sans question 135.
**definee,** s. f., fin 1225.
**dela,** prep., plus loin que 1528.
**denoncier,** v. act., faire connaître 1709.
**denree,** s. f., TL von deniers Wert, la valeur d'un denier 144.
**derree,** s. f., rien 975; chose 2910.
**descourager (se),** v. reflex., TL seinen Sinn von etwas abwenden; ôter quelque-chose de sa pensée, de son cœur; renoncer? 466.
**destin,** s. m., intention 312.
**destrompre,** v., peut-être synonyme de derompre (dans *S1*): rompre, détruire, mettre en pièces. Mot dans W seulement 2965.
**devïee,** s. f., mort (mot basé probablement sur devïer = mourir) 154.
**diex,** s. f., douleur 1752.
**diffinicion,** s. f., conclusion 50.
**dissolu,** adj., sauvage? fou? en désarroi? 3269.
**ditee,** s. f., volonté (basé, probablement, sur *dictum* = ordre, commande) 151.
**doctrine,** s. f., le savoir-vivre 2105.
**don,** s. m., TL Gelübde, vœu; peut-être les vœux faits par ces gens d'écrire les ballades? ou peut-être *don* se réfère-t-il au don de la couronne = le concours lui-même? 1025.

**duree,** s. f., vie 162.
**duree (a),** phr. adv., toujours 962.

**empraindre (s'),** v. reflex., marquer en pressant 2585.
**enciegne,** v., 3 p. sg., voir *enchenir*.
**enchenir (enchanir),** v., vieillir 1680. Il se peut que la forme *enciegne* vienne d'achenir, enchenir = devenir comme un chien C.f. Poitevin s'aquenir = devenir paresseux. Pour enchenir, cf. enchani = devenu chenu.
**encorporer,** v. act., incarner 2932.
**enforcié,** adj., TL vollwertig, plein de valeur 845. Ici, adj. substantivé.
**ennemele,** s. f., (var. d'*alemele*) lame d'épée ou de lance 3814. Mot dans W.
**enprunter,** v. act., se donner des airs empruntés, jouer un rôle 715.
**enranciné,** adj., imbu de, pénétré de 3466.
**entendre de,** v., avoir l'intention de 2102.
**envïaille,** s. f., défi, provocation 3072.
**esclarchissant,** participe prés., brillant 2572.
**escoipeller,** v. act., tailler en pièces 3399.
**esligier,** v. act., acquérir (par le combat), conquérir 846.
**esmouvoir,** v. act., mettre en branle, commencer 202.
**esmurent,** voir *esmouvoir*.
**esparpaillier,** v. act., disperser (les gens, l'ennemi) de tous côtés 3063.
**espeuse,** s. f., épouse 404.
**estal (faire),** s. m., s'arrêter pour combattre 2624.
**estrainner,** v., étrenner 2137.
**estrine,** s. f., rencontre, choc 2129.
**estropiel(l)er,** v. act., forme pour la rime d'estropier = priver de l'usage d'un membre 3399. Mot trouvé dans W seulement.
**estudie,** s. f., attention 75, 97; intention 2051.
**estudier (s'),** v. reflex., TL eifrig bedacht sein, faire attention à, bien remarquer 732.
**estudoie,** s. m., effort littéraire (= son poème) 3893.
**exent,** adj., enlevé 3213; *exente*, ôtée, retirée 292.

**fait,** s. m., œuvre poétique 4.
**fenis,** s. m. pl., les morts, les personnes décédées (fenir = mourir) 3115.
**ferir (une bataille),** v. act., soutenir une bataille 3699.
**fichier (1),** v. act., transpercer 2982. Mot trouvé dans W seulement.
**fichier (2),** v., fixer 3133.
**figurer,** v. act., TL bildlich darstellen, représenter figurément; abbilden, dessiner 1435.
**foiti,** *adj.*, forme pour la rime de foitié (foittiet, foisté, faitié) figé, coagulé, caillé 3099.
**foldour,** s. f., action insensée 2230.
**fort,** s. m., le cours précipité de l'eau? 3136.
**fragilité,** s. f., faiblesse, manque de caractère ferme 2896.
**freschement,** adv., sans empressement? à la fraîcheur? 946.
**froncir,** v. act., plisser 1841.
**fus,** s. m., feu 3279.

**gardant,**  s. m., celui qui a la garde, la surveillance de quelqu'un, de quelque chose 1974.
**gavelot,**  s. m., forme de gaverlot (W *gavrelos*) = javelot 3289.
**gendre.**  s. m., TL Geschlecht, sexe 1894.
**genoul,**  s. m., une erreur (en poésie) 1415.
**gesine,**  s. f., le coucher par terre 3639.
**geter,**  v., lancer des ruades 3421.
**gorgerete,**  s. f., petit gorgerin, celui-ci étant la partie inférieure d'un casque servant à protéger le cou et composée d'une ou plusieurs pièces métalliques articulées à recouvrement. Le plus ancien modèle est celui des grands bassinets, larges et évasés, de la fin du xiv$^e$ siècle 2543.
**gracïeus,**  adj., agréable, qui plaît 2571.
**gracïeuse,**  adj., favorisée, considérée 1349.
**graveleus,**  adj., graveleux, sablonneux 2582.
**guarder,**  v. act., protéger 214, 252.

**hachie (mettre a),**  phr. verb., infliger de la douleur 2768.
**haquenaille,**  s. f., bourrin (terme péjoratif basé sur haquenee = cheval ou jument docile et marchant ordinairement à l'amble, et qui sert de monture aux dames) 3067.
**hïer,**  v., lancer des ruades 2767; enfoncer avec une hie (masse, maillet) 3538.
**hiner,**  v. act., fendre 2927. Mot trouvé dans S1 mais rejeté aux variantes.
**huee,**  s. f., TL Lobgeschrei, cri de louange 1377.

**jonture,**  s. f., union d'amour 707.

**lainne,**  s. f., bois 3626.
**lambroissis,**  s. m., lambrissage 402.
**lancier,**  v., lancer 507, 509; plonger 2980.
**landonnaille,**  s. f., terme péjoratif pour sujets d'un roi, valetaille (mot trouvé dans W seulement). De *landon*, s. m., bâton ou billot qu'on attache au cou des chiens pour les empêcher de chasser le gibier 3067.
**lasonne,**  s. m., rêne? 3043. (Cf. lasson = lien, filet, lacet)
**leçon,**  s. f., leçon (dans le sens d'histoire [de sa vie]) = sa vie 3594.
**lentier,**  adj., sans force, lent 498. Variante pour lentif, influencé par lanier? Cf. *cuer lanier* 526.
**loier,**  v., envelopper 2850.
**loinc (en),**  phr. adv., loin 2980.
**lontain,**  adj., venant de loin? 2312; qui dure longtemps 3639 (lontainne).

**maçonnement,**  s. m., bâtiment 910.
**maginois,**  adj., puissant, riche, noble 110.
**mairer,**  v., se conduire dans l'esprit des ébats? 889.
**mas,**  adj., abattu, affligé, triste 131.
**mazomaux,**  adj., de Mazonie (= d'Amazonie) 2555; (mazonal 2619).
**melentee,**  adj., brouillée (la vue) 1993.
**melenter,**  v. act., souiller, ensanglanter 2453, 2790, 3089, 3205.
**memoration,**  s. f., mémoire 7. Mot trouvé dans W seulement.
**merel,**  s. m., jeu (= bataille) 202.
**meriau,**  s. m., coup 2530.
**mescheüe,**  s. f., mésaventure 1595.

**mesfaire,** v. act., mal faire (avec l'idée qu'Alexandre ne serait pas si gauche que d'être accompagné par moins de six guerriers) ? 893.
**miedis,** s. m., midi 1581.
**moie,** s. f., foule, multitude 3880.
**moienner,** v. act., TL vermitteln, arbitrer 812.
**moilon,** s. m., centre, milieu 14. Voir la note au vers 14.
**monciaux (a),** loc. adv., TL haufenweise; beaucoup 2544.
**morse,** s. f., blessure, affliction? Cf. *remort.* Peut-être morsure? Cf. morsel 2401.
**mouvement,** s. m., commencement (d'un poème, d'un histoire, etc.; ici, celui des *Vœux du paon*) 14.

**natural,** s. m., TL legitim, edelgeboren; un noble 231.
**negligente,** adj., injuste, outrageuse, qui commet des outrages? qui n'a cure 1. du rang de leurs victimes? 2. de prendre des prisonniers de guerre? 281; (bataille) téméraire, imprudente? 1989.
**norois,** adj., hautain 126.
**nüe,** adj., privée de 1277; dépourvue, exempte de 3716.

**ocube,** s. f., TL Zelt, petite tente non dressée 2180.
**opinion,** s. f., intention 38.
**ouni,** adj., modeste, simple 659.

**palasin,** s. m., prince, souverain (abusivement) 1953.
**pelle,** s. f., forme de perle 1003.
**perier (faire le),** s. m., faire le poirier, faire l'arbre droit, la tête en bas, les jambes en l'air 3533.
**perine,** s. f., la distance à laquelle on peut jeter une pierre? ou p.-ê. variante de *perrien* = engin propre à lancer des pierres 2124.
**persie ci persie,** loc. adv., (W piersie chi piersie) complètement? à mesure comble? (Cf. perchiee = une mesure) 2782.
**piler,** s. m., une cheville, une redondance? 1425.
**plain (a),** phr. adv., directement 2298.
**planté,** adj., imbu de, pénétré de 3467.
**poindre,** v. act., TL mit Worten schildern, peindre; darstellen, représenter. I. e., peindre (= dessiner) la couronne et le chapel sur le parchemin? 1433.
**polie,** adj., peut-être une forme du verbe polir = orner; donc ornée 81. Le poète semble prendre des libertés avec ce verbe. Polier pour polir?
**ponmet,** s. m., petite boule en forme de pomme placée au sommet de quelque chose; sommet en général. 2305.
**poser,** v., prendre les postes de combat? 2104.
**pourprendre (les grans sauls),** phr. verbale, prendre le galop 913.
**pris,** s. m., importance 1573.
**puchier,** v. act., une forme de puiser; *puchie* = puisée, tirée d'un puits, de là, inspirée? 1009; puisée, de là, déjà pensée, déjà bien méditée 2055.
**purgier,** v. act., éteindre 511; guérir, purifier 524.

**quarrial,** s. m., trait d'arbalète 3288.
**quitte,** adj., à l'abri de toute revendication 2744.

**rancun,** adj., rancuneux 942.
**randon (par tel),** phr. adv., si impétueusement 3004.

**raouler,** v. n., rouler 3662.
**ravironner,** v., entourer de nouveau 2765.
**regiber,** v., regimber 2767, 3421.
**regnon,** s. m., vogue que le nom de quelqu'un a obtenue 24.
**reguerrïer,** v. act., faire de nouveau guerre à 1961.
**remanoir en,** v. intr., dépendre de 468.
**remort,** s. m., déchirement, blessure 2401.
**renon,** s. m., récit, rapport. Faire renon = faire le récit de 391.
**retuer,** v. act., tuer de son côté, tuer à son tour 3378.
**reverent,** adj., puissant, illustre 3216.
**robarre,** s. m., voleur, maraudeur, pillard 2890.
**rover,** v., demander, implorer, prier (3 p. sg. *rueve*) 536.
**route,** s. f., compagnie 1612; troupe (i.e., l'armée d'Alexandre) 1615.
**royon,** adj., var. de reont, roont = rond 3026, 3575.

**sage,** adj., bien conduite (bataille), bien livrée ? 1989.
**saison (en petite),** loc. adv., bientôt, en peu de temps 382; — (longue), longtemps 3598.
**sanch,** s. m., sorte de bois? (Cf. *W de sap*) 2677. Cf. aussi 353.
**santir,** v. act., entendre 507. (*sanz* 1$^{ere}$ p. du sing.)
**savourer,** infin. substantivé, désir, goût 1288.
**secretaire,** adj., discret; intime 3903.
**secz,** adj., qui n'a presque pas de chair, de graisse. Anglais: clean, clean-cut. 1146.
**seignier,** v., marquer 245, 3155, 3351.
**si,** s. m., assentiment 655; condition 1122, 2086.
**solagier,** infin. substantivé, soulagement 500.
**solefier,** v. act., lire (un morceau de musique) en donnant l'intonation et le nom de chaque note 1517.
**soriflour,** interjection, cri de guerre de Buchiforas et de ses troupes 2508.
**soucïer,** v. n., avoir du souci 519.
**soudain,** adj., pressé 2317.
**souffissance,** s. f., satisfaction, contentement 1056, 1155, 1331.
**soustilleuse,** adj., ingénieuse, pleine d'imagination 398, (*soutilleuse*) 408.
**sulent (e),** adj. suant(e) 1993, 2685, 3205.

**table,** s. f., présentation [poétique], i.e., la ballade qu'Alexandre va écrire. 1020. Cf. Les Douze Tables [code de lois publié à Rome], et les Tables des lois d'Amour, dans *L'Astrée*, II, 311-314.
**tambourrie,** s. f. bruit, tapage, vacarme 2798. Mot trouvé dans W seulement. Cf. *tromperie* dans *S1*.
**termin,** s. m., difficulté, embarras? 315.
**temprer,** v., imbiber d'un liquide, plonger dans un liquide (ici le sang); tremper 2970.
**tingre,** s. m., tigre 3462.
**ton,** s. m., bruit 3036.
**tonne,** s. f., tonneau 3041.
**tour,** s. f., ruse 3769.
**travail,** s. m., effort soutenu 240.
**treillié,** adj., tissu à mailles 2488.
**triulees,** adj., couleur de tuile 2158.

**tresmontain,** adj., international 835; impartial 2301.
**tromperie,** s. f., bruit musical que font les instruments à vent, cymbales, tambours, etc., vacarme, tapage 2798.

**uiseuse (a l'),** lic. adv., à loisir? 409.
**ummilïer,** v., s'incliner humblement devant 2008.

**vert,** adj., poli, luisant 2966.
**vernissier,** v. act., recouvrir de vernis; au figuré (ici): recouvrir de sang 2970.
**vibuis,** s. m., thorax 2427. (W a *wit buc*)
**vigreusement,** adv., vigoureusement 3169.
**voie,** s. f., la façon dont avait fini le jeu 714.
**vois,** s. f., nom 115.
**voucer,** v., affirmer (un mot?) 1685.

**werbler,** v., mettre en musique ? 1212.
**widier,** v., rendre libre de tort, de faute, de délit 690.

**ymaux,** s. m. pl., pluriel d'*esmail* 2533.

# INDEX DES NOMS PROPRES

Les noms propres apparaissent sous leur forme du cas oblique, excepté ceux qui ne se trouvent qu'au nominatif dans le texte. Les variantes en *r* ou *rr*, *s* ou *ss*, *s* ou *z*, *f* ou *ph*, ne se trouvent pas énumérées séparément, mais apparaissent sous la forme la plus usuelle.

ABEL, deuxième fils d'Adam et d'Eve 1963, 3369.
ABILANT, ville et royaume d'Orient (l'ancienne Abila, aujourd'hui Nebi-Abil, au pied de l'Anti-Liban) 1426.
ACRE, Saint-Jean d'Acre, ville d'Israël 2821.
ADVERSE, royaume conquis par Alexandre 54.
AFFRIQUANS, Africains 2201; AUFFRIQUANS 3318.
AIGOBUS, guerrier tué par Porrus 3306.1 (*W* seulement)
AILLIER, dénomination géographique inconnue, accolée souvent au nom d'Alexandre le Grand 1706, 1962, 2946. Variante: ALLIER (*W*)
ALEMAINGE, Allemagne 58. (*W* seulement)
ALIXANDRE, roi de Macédoine 21, 34, 44, 96, 109, 157, 172, 195, 268, 341, 347, 357, 359, 368, 404, 421, 734, 739, 756, 764, 770, 846, 863, 874, 880, 896, 908, 915, 926, 939, 948, 981, 991, 1018, 1021, 1044, 1050, 1086, 1094, 1170, 1213, 1226, 1267, 1270, 1304, 1342, 1372, 1383, 1417, 1432, 1435, 1490, 1507, 1513, 1536, 1541, 1550, 1563, 1572, 1576, 1587, 1591, 1621, 1637, 1684, 1695; A. d'Aillier 1706; 1719, 1750, 1757, 1791, 1795, 1802, 1860, 1875, 1883, 1925, 1951; A. d'Aillier 1962; 1970, 1973, 1981, 2031, 2048, 2140, 2218, 2264, 2291, 2419, 2426, 2518, 2565, 2599, 2624, 2661, 2687, 2690, 2700, 2703; A. d'Aillier 2946; 3003, 3067, 3092, 3096, 3119, 3193, 3197, 3200, 3256, 3271, 3352, 3370, 3429, 3431, 3471, 3489, 3518, 3554, 3556, 3570, 3602, 3617, 3618, 3624, 3646, 3667, 3671, 3680, 3682, 3717, 3733, 3781, 3805, 3831, 3845.
AMIENS, Amiens 58.
AMORGANS, peuple de ? 2192. Variante: MORGANS (*W*) Dans la *Table des noms propres de toute nature compris dans les chansons de geste* (1904) par E. Langlois, on trouve les noms Amoraive (Amorave, Amoragu, Amorin, Amorazin) = peuple païen. Dans *French Arthurian Verse Romances 1150-1300 — An Index of Proper Names* (1969) par G. D. West, on trouve Amangons = un roi. Dans *Erec et Enide* il y a un roi nommé Amauguins.
ANGLE, le pays des Angles 3608.
ANGORIE, Angora (Ankara), capitale de la Turquie 91.
ANIOU, Anjou, province de France 58.

ANPALIE, lieu d'origine de Licanor; peut-être Apulie, province de l'Italie du Sud? 107. Variante: AMPALIE (W)
ANTIGONUS, un des pairs 106, 1467, 1480, 1630, 1877, 2052, 2054, 2094, 2250, 2262, 2517, 2555, 2739, 2807, 2812, 2820, 2826, 2839, 2844, 2847, 2853, 3059, 3083, 3086, 3264; A. de Grece 1687, 2618, 2829, 3843. Variante: ANTHIGONUS (W)
ANTIOCHE, ville de Turquie 2821. Variante: ANTHIOCHE (W)
ACQUAIRE, lieu d'origine de Philote 894.
AQUARIN, les gens de Melidus; peut-être les habitants d'Aquaron = Acaron = Acre = Saint-Jean d'Acre (q.v.) 296.
AQUILEE, ville d'Italie, sur le golfe Adriatique 146, 1379, 1385, 2911, 3723; AQUILON 23, 3001, 3618.
ARAGON, Aragon 60.
ARAS, ville d'Arras 2827.
ARCADE, Arcadie, région de la Grèce ancienne, dans la partie centrale du Péloponnèse, pays d'Aymes li dus 459, 2635.
ARISTÉ, un des pairs 103, 364, 427, 893, 1092, 1409, 1466, 1546, 1632, 1670, 1952, 2093, 2617, 2645, 2650, 2685, 2690. A. DE VALESTRE 2269.
ARRABE, Arabie 432, 2267, 2483, 3318.
ARRABIANT, Arabes 2694.
ARRABIS, Arabes 2217, 3299 (Arrabois), 3666.
ARTUS, le roi Artus 2262.
AUFAGE, peuplade sarrasine 27. Variante: AUFANIE (W)
AUFFRIQUE, Afrique 3198.
AUMARIE, Almeria, ville maritime d'Espagne, conquise par les Sarrasins en 1257. 64, 91 (W), 1002, 2775.
AUSFANIE, pays sarrasin 2145. Variante: AUFANIE 27 (W)
AVIGNON, Avignon 58. (W seulement)
AYMON, un des pairs, 103, 170, 177, 190, 197, 214, 221, 226, A. le duc des Gadrois 235, Ainmes 278; 288, 294, 311, Emenidus 321; 342, 349, Emelidon 371; 459, Emenidon 480; 489, Ainmes 554; 716, Emenidus 721; Emelidon 737; Emelidus 751; 754, Emelidus 885; 959, 964, Ainmes 1097; 1141, 1170, 1175, 1385, Aymelidon 1401; 1415, Emelidons 1546; 1555, 1627, 1673, 1764, 1952, 2041, 2083, 2087, 2289, 2631, 3208, 3219, 3729, 3758, 3759, 3781, 3839, 3860.

BABEL, forme abrégée de Babylonie, partie inférieure de la Mésopotamie, appelée très tardivement Chaldée 23. BABIEL 3873.
BABILONNIE, partie inférieure de la Mésopotamie, appelée très tardivement Chaldée 62. BABILOINE 71, 75, 3838, 3848. Variante: BABILONE (W)
BACAIRE, guerrier tué par Porrus 3307.
BALENOR, guerrier tué par Porrus 3304.
BARBARIE, nom donné jadis aux régions de l'Afrique du Nord situées à l'ouest de l'Egypte 60.
BARRÉ, guerrier tué par Porrus 3308. (Lyonbarre? Voir la note au vers 3308.)
BAUDAIRE, Bagdad 3298. BAUDAS 2813.
BAUDAS, Bagdad 2813. BAUDAIRE 3298.
BAUDRES, sultanat d'Orient, pays de Cassiel le Baudrain 41, 65, 774, 799, 882, 1534, 2510, 2550, 2659; BAUDRAS 2819; 3033, 3391.
BAUDROIS, celui ou ceux qui vient de Baudres 2162, 2210, 2239, 2602, 2698; Baudrains 2185, 2509, 3291; Baudral 2620.
BAUDRAIN, LE, voir CASSIEL.

INDEX DES NOMS PROPRES 197

BAVIERE, Bavière 180.
BETIS, frère de Gadifer et de Fezonas, mari d'Ydorus; un des pairs 49, 825, 838, 844, 847, 869, 1530, 1566, 1611, 1631, 1688, B. de Pheson 1715; 1727, 1837, 1855, 1861, 2016, 2106, 2126, 2178, 2240, 2293, 2325, 2356, 2364, 2367, 2372, 2376, 2382, 2387, 2404, 2406, 2432, 2552, B. de Phezon 2733; 2871, B. de Phezon 2923; 2926, 2940, 2951, 2992, 2999, 3004, 3013, 3015, 3034, 3050, 3063, 3073, 3092, 3101, 3105, 3111, 3228, 3275, 3442, 3506, 3600, 3701, 3741, 3774, 3788.
BIAUCAIRE, Beaucaire sur le Rhône; lieu d'origine de Dragoulas 3306. Variante: BIAUVAIRE (W 3306.3)
BIAUVOISIN, guerrier tué par Porrus 3307. Variante: FORVOISIN (W)
BION, lieu d'origine de Patermore 3002. Variante: BRON (W)
BOESME, Bohême 59.
BONIVENT, Bénévent (Italie) 3198.
BREBANT, Brabant, duché germanique 57. Variante: BRAIBANT (W)
BRISEBARRE, Jehan Le Court, dit Brisebarre, auteur du *Restor du paon* 12.
BUCHIFORAS, fiils de Melidus, neveu de Clarvus l'Yndois 32, 123, 140, 205, 218, 233, 356, 371, 577, 745, 916, 994, 1005, 1045, 1177, 1208, 1210, 1313, 1379, 1466, 1505, 1537, 1631, 1687, 1726, 2025, 2057, 2069, 2106, 2137, 2189, 2241, 2253, 2293, 2507, 2551, 2564, 2586, 2596, 2732, 2734, 2805, 2828, 2830, 2854, 2857, 2868, 2879, 3016, 3227, 3275, 3442, 3506, 3705, 3739. Variantes: BUTIFORAS, BUCIFORAS, BULCHIFORAS, BULCHIFORE, etc.
BUSTIN DE MONSOREL, guerrier tué par Cassiel le Baudrain 3378.

CAÏN, Caïn 1963.
CALABRE, région de l'Italie méridionale, qui forme le pied de la botte 56.
CALDAINS, Chaldéens 826, 1748 Caldix; 2204, 2217, 2290, 2302, 2424, 2442, 2695, 3001, 3318, 3666; Caldé 1496.
CALDEE, ville de Chaldée 65, 137, 948, 1213, 1374, 2267, 2908, 2929, 3198, 3718.
CARTAGE, Carthage, 462, 1534. Variante: QUARTAGE (W)
CASE, peut-être le royaume de Case (Cf. Perlevaus), ou Gales? 65. Variante: TASSE (W)
CASSAMUS, oncle de Gadifer, de Betis et de Fezonas 36, 340, 424, 789, C. du Larris 1578; 1659, 2381, 3076, 3792.
CASSÏEL, seigneur de Médie, soudan de Baudres Cassion 41, 1565, 1838, 3012, 3033; Le Baudrain Cassïel 800; Cassïel 1630, 3315; Cassïaus de Baudres 2185, 3282; Cassïaux 2550, 2653, 3328, 3333; C. le Baudrain 2644, 3359; (Le) Baudrain 26, 124 Baudrois; 144, 774, 802, 815, 1533, 1542, 1566, 1604, 1609, 1714, 1778, 1818, 2015, 2043, 2105, 2122, 2293, 2509, 2650, 2686, 2691, 2732, 2871, 2901, 2732, 2871, 2901, 2922, 2951, 3047, 3255, 3257, 3294, 3314, 3337, 3354, 3355, 3372, 3381, 3405, 3600, 3712, 3820; Soudan de Baudres 47, 1623, 1672, 1724, 2939, 2993, 3107, 3202, 3386, 3441, 3507, 3702, 3737, 3749.
CASTELLE, la Castille 60, 3391.
CAULUS, un des pairs 104, 893, 1378, 1466, 1546, 1632, 1670, 2093, 2270, 2519, 2556, 2617, 2947, 3723, 3841.
CAYN, île ?? 310. Variante: CAIN (W)
CHARLEMAINNES, Charlemagne 2818.
CHESAIRE, Césarée, port de Syrie 63, Chezaire 800; Cesaire 882; Cezaire 3299. Variante: CESSAIRE (W)

CHYPRE, Chypre 61.
CLARETE, fille de Melidus 130, 461, 724, 887, 1343, 1405, 1428, 1434, 1478, 1508, 1626, 1759, 2296, 2632, 3217, 3858.
CLARVUS, adversaire des Fezonoïs, père de Porrus 25, 35, 120; C. l'Yndois 122; 153, 339, Clarus 1777, 1913; Clavourin 1954; 2888, Clarus 3274; Clarvus 3765.
CLIAMUS, guerrier tué par Porrus 3307. (DIANUS dans W)
CLIN, DAN, un des pairs 106, 171, 215, 221, 230, 256, 279, 294, 322, 349, 372, 460, Cliton; 610, 615, 724, 886, 960, 1098, 1315, 1340, 1385, 1399, 1410, 1545, 1555, 1628, 1678, 1764, 1805, 1952, 2084, 2289, 2631, 2640, 3210, 3245, 3730, 3854, 3855. Variante: CLICHON (W)
CLITON, même personnage que Dan Clin, q.v.
CORMORIN, guerrier grec 1970.
COSTENTIN, Constantin, empereur romain 317.
CUPIDO, Cupidon 328, 442.

DAIRE, ville conquise par Alexandre; lieu d'origine de Lurgimont; peut-être Deïre, partie Sud de la Northumbrie, entre le mur d'Hadrien et la rivière Humber? 880, 1909, 3305.
DAMAS, Damas, capitale de la Syrie 2821.
DAN CLINS, v. CLIN, DAN.
DAURRIS, frère de Floridas 2093, 2271, 2520, 2616, 3057, 3083, 3087, 3353, 3379, 3430, 3469, 3841.
DAVI, le roi David d'Israël 2841.
DEFUR, ville chaldéenne, prise par Alexandre 64.
DEROMADAIRE, fille de Melidus 128, Dromadaire 459; 718, 887, 1087, 1103, 1421, 1627, 1895, 2304, 3225. Variante: DORMADAIRE (W).
DESTOUR, CHASTEL DE, château en Perse, qui appartient à Marcien 806.
DIANUS, guerrier tué par Porrus 3307 (W seulement).
DRAGOULANT, guerrier tué par Porrus, = Agoulant, roi païen (dans *Les Voeux du paon*) 3306.
DRAGOULAS DE BIAUCAIRE, guerrier tué par Porrus 3306. Variante: D. DE BIAUVAIRE (W) 3306.3.
DRUGEMANT, guerrier tué par Porrus 3306.3 (W seulement).
DURAS, roi qui avait possédé l'épée d'Antigonus 2814. Les variantes Drian(t), Drias, Driaux nous donnent ces possibilités: Dans le *R. de Thèbes*, D. est un chef thébain et l'un des juges de Daire le Roux. Dans *Bérinus*, il est un chevalier romain. Dans le *Tristan en prose*, D. est le cousin d'Erec. La variante Drien (var. en Brian, Drian, Drias, etc.) désigne le roi de Calabre dans *Li romanz d'Athis et Prophilias*, par Alexandre de Bernay. Dans la *Table des noms propres... figurant dans les Romans du Moyen Age* (1962) par L. F. Flutre, on trouve Drias (var. Duras) comme Thébain, meurtrier de Parthenopée (*R. de Thèbes);* comme un chevalier dans *Ipomedon*. Un certain Drias le Rous est le roi de Combe Oscure dans *Athis et Prophilias*.
DYANE, Diane, déesse des Romains; Dyanee 161; 361, 441, 698, 1014, 1047; Dyanis 1590; 1658, Dyanie 2039; Dyanainne 2147; Dyanal 2625; Dyanis 3120; 3235. Variante: Dional (W 2625). PALAIS DYANE 83, 259, 304, 370, 1387, 1567, PALAIS DYANAIN 2288; 3165, 3187, 3688, 3728. TEMPLE DYANE 3790.
DYDO, l'amante d'Enée 415, 416.

EBRON, Hébron en Jordanie, au sud-ouest de Jérusalem. Site du tombeau d'Abraham. Aujourd'hui El-Khalel. 65, 3608.
EDEA, noble pucelle, sœur d'Ydorus; elle restora le paon dans *Le Restor du paon* 875, 1653, 1656, 1674, 2029, 3798.
EFFEZON, cri de bataille de Betis 2429, 3066.
ELAINNE, Hélène, princesse grecque, célèbre par sa beauté 418.
ENEAS, prince troyen, dont Virgile a fait le héros de son Enéide 416, 2815.
ENGLETERRE, Angleterre 56. (ANGLE 3608).
EPHEZON, v. PHEZON.
ESCLAUDIE, ? peut-être Esclandie, pays voisin d'Alenie (Alenie = pays des Alains, près de la Mer Caspienne) 54.
ESCLAVONNIE, Slavonie, ou Slovénie, aujourd'hui partie de la Yougoslavie 61.
ESPAIGNE, Espagne 59.

FARON, fleuve près de la ville de Melide 28, 88, 379, 1528, Pharon 1570; 1575.
FERRANT, cheval d'Aymes li dus 197.
FESTION, un des pairs 105, 894, 1545, 1685, 1826, 1828, 1829, 1848, 1853, 1854, 2094, 2237, 2247, 2291, 2441, 2470, 2472, 2474, 2484, 2490, 2496, 2554, 2618, 2739, 2947, 2959, 2960, 2971, 2973, 3015, 3023, 3842.
FEZON, v. PHEZON.
FEZONNE, v. PHEZONNE.
FILOTAS, v. PHILOTE.
FILOTIAUX, v. PHILOTE.
FLANDRES, Flandres 57.
FLOART DE LUPENDAIRE, guerrier tué par Porrus 3306 (*W* seulement).
FLORIDAS, un des pairs, héros chaldéen, frère de Daurris 107, 893, 1607, 1952, 2093, 2270, 2520, 2556, 2616, 2620, 2664, 2047, 3057, 3083, 3087, 3553, 3420, 3469, 3723, 3841.
FOL Y BEE, nom qu'Alexandre se donne 981; nom que Saigremore se donne 1236.
FORAINNE, VAL peut-être vallon dans la Terre Forainne = terre du roi Bademagu, puis royaume de Caleph-Alfasam, où se trouve le château de Corbenic (dans les romans d'Artur) ? 2145.
FORMORINE, adj. basé sur un nom de lieu; gent f. = gens de Porrus 2117. Dans le *Motif Index of Folk Literature* par Stith Thompson, on trouve mention d'une race de géants descendue de Ham ou de Caïn, appelée Formorians; = source possible de *formorine?*
FORVOISIN, guerrier tué par Porrus (Biauvoisin dans *S1*) 3307. (*W* seulement).
FRANCE, France 2817.
FRISE, la Frise 59.
FROMORIN, guerrier tué par Porrus 3306,3 (*W* seulement).
FURBAIN, guerrier chaldéen dans l'armée d'Alexandre 2291.

GADIFER, frère de Betis et de Fezonas 49, 426, 825, 837, 844, 852, 878, G. de Phezon 1577, 1579, 1582, 1634, 1640, 1671, 1859, G. de Phezon 2095, 2228; 2235, 2245, G. de Phezon 2323; 2345, 2353, 2371, 2379, 2399, 2403, 2406, 2430, 2433, 2443, 2773, 2776, 3701.
GADIFFER DU LARRIS, père de Gadifer de Phezon, de Betis et de Fezonas 2380, 3074.
GADRES, Gedera *S1* variantes 103; 1579, 3075. Cri de bataille 232.
GADROIS, hommes de Gadres 116, 235, 266.

Galaas, Galaad 2816. Variante: Galeas (W).
Gallorie, Pays de Galles 60 (W seulement).
Garnade, Grenade 61. Variante: Grenate (W).
Gaule, la Gaule 57. Gaulle 3608 (W).
Godefroys de Buillon, héros de la première croisade; chef des Lorrains, plus tard, gouverneur de Jérusalem 2819.
Golomer, guerrier tué par Porrus 3305.
Gomorree, peut-être Gomeret, ou Gomorret, royaume de Ban (Cf. Erec) 150.
Gormorant, guerriers dans l'armée d'Alexandre, comme les Caldains et les Gregois 2204, 3043.
Goulias, Goliath, géant philistin, tué par David d'un coup de pierre au front (Bible) 2824.
Gracïen, guerrier tué par Porrus 3306, G. de Tir 3843.
Grejois, Grecs 109, 217, 266, 277, 345, 368, 453, 471, 705, 710, 784, 891, 1090, 1496, 1502, 1516, 1580, 1600, 1617, 1706, 1738, 1788, 1819, 2061, 2204, 2216, 2283, 2302, 2309, 2422, 2439, 2451, 2469, 2502, 2548, 2655, 2695, 2738, 2806, 2843, 2867, 2916, 2920, 2929, 2943, 2956, 2998, 3001, 3010, 3014, 3026, 3054, 3062, 3094, 3095, 3150, 3254, 3293, 3299, 3317, 3360, 3382, 3398, 3409, 3449, 3482, 3551, 3665, 3692, 3756, 3784. Variantes: Griex, Grus, Griu, Grix, Grigois.
Gresce, Grèce 61, 138, 1686, Grece 2267, 2483, 2554, 2618, 3717, 3843.
Grevant, membres de l'armée de Betis 2179; la gent grevainne 2138.
Grieu, v. Grejois.
Griex, v. Grejois.
Grus, v. Grejois.

Hantonne, château en Grande-Bretagne, Southhampton 3051. Variante: Hautonne (W).
Hapanart, guerrier tué par Porrus 3307. Hapenart (W).
Helyos, noble pucelle, femme de Marcien de Persie 1701, 3800. Variante: Elyos.
Herculais, Hercules 560. Variante: Marculais (W).
Hermenie, Arménie 59, 881.
Hollande, Hollande 56.
Hungerïant, Hongrois 2698, 3666. Variante: Honguerïant.

Jaques de Loncguyon, auteur des *Vœux du paon* 4.
Jherusalem, Jérusalem 2821.
Josaphas, vallée de Jozaphat, entre Jérusalem et le mont des Oliviers 63, 2820. Variante: Jozaphas.
Jupin, dieu païen 299, 2824.
Jupiter, dieu des Romains 162, 443; Jovis 3103; Jupitel (port) 211.

Langoulaire, guerrier tué par Porrus 3308.
Larris, ville d'Egypte qui sépare Damiette de Gaza 3034.
Le Mainne, le Maine, ancienne province de France 58.
Lianor, guerrier tué par Porrus 3308.
Licanor d'Anpalie, un des pairs, frère de Philote 107. Variante: Lincanor (W).
Lombardie, Lombardie 56.

LUCIDAIRE, oncle d'Aymes li dus, et guerrier tué par Porrus 885. Dans W: 3306.1.
LUCION, guerrier tué par Porrus 3306.1 (W).
LUGRE, pays aux Indes 781, 3608.
LUPENTAIRE, pays? 62. Variante: LUPENDAIRE 881. (W au vers 3306.)
LURGIMONT DE DAIRE, guerrier tué par Porrus 3305.
LYON, guerrier tué par Porrus 3308. (= Lyonbarre? voir la note a uvers 3308.)
LYONE, un des pairs 105, 428, 894, 1091, 1227, 1238, 1305, 1307, 1367, 1378, 1391, 1546, 1629, 1671, 1970, 2270, 2617, 3842, 3862. Variantes: Leone, Lyoine, Lionne, Lione, Lyonne, Lyonal.

MACHIDOINE, Macédoine 2250, 2557, 3198. Variante: MALCHIDOINE. Cri de bataille 2619.
MACHIDONOIS, Macédoniens 2425, 2669, 2695, 2806, 3551, 3665, 3692; Machidonnour 2216; Malchydonois 3310; Machidonis 3075, 3094. Machidonain 3317.
MAHON, Mahomet, possesseur de l'épée d'Antigonus 2824.
MALADÏEL, guerrier tué par Cassiel le Baudrain 3377. Variante: MALDANSIEL (W).
MALAMI, guerrier tué par Porrus 3306.1 W seulement.
MARCÏEN, un des pairs, neveu de Clarvus 26, 41, 48, 125, 776, 806, 808, 815, 1535, 1542, 1565, 1566, 1607, 1688, 1714, 1724, 1779, 1818, 1837, 1942, 1946, 1948, 1890, 1986, 2016, 2107, 2131, 2187, 2240, 2292, 2511, 2552, 2662, 2732, 2744, 2756, 2770, 2772, 2872, 2874, 2875, 2899, 2940, 2951, 2956, 2960, 2961, 2971, 2975, 2777, 2983, 2986, 2991, 3228, 3443, 3506, 3600, 3703, 3710, 3738, 3800, 3823, 3866. Variantes: MARCION, MARCÏAIN.
MARCURION, Mercure, dieu des Romains 1753, 1851, 3599. Variante: MARCURIEX.
MARCUS, dieu de l'Inde 162, 263, 274, 289, 330, 336, 954, 1079, 1558, 1646, 1719, 1775, 1781, 1876, 1944, 2066, 2147, 2249, 2300, 2894, 3103, 3424, 3437, 3731.
MARS, Mars, dieu des Romains 441, 698, 1658, 2007, 2023, 2200, 2848, 3235, 3251, 3810.
MAZONIE, pays d'Orient (= Amazonie, le pays des Amazones?) 2058, 2742, 2755, 3796.
MEDIE, Médie, ancienne contrée d'Asie réunie vers 556 à la Perse par Cyrus 138, 528, 2046, 2742, 2781, 3391, 3799. Variante: MESDIE.
MEDIEN, Mèdes, ceux de la Médie 2697.
MELIDE, ville dont Melidus est roi 148, 258, 295, 299, 350, 370, 767, 883, 2252, 2276, 2327, 2338, 2340, 2526, 2551, 2630, 2642, 2727, 2800, 3434, 3687, 3704, 3722, 3806.
MELÏDIEN, les gens de Buchiforas, guerriers de Melide 2601. Adj. MELIDINE 2110.
MELIDUS, roi de Melide, frère de Clarvus d'Ynde, oncle de Porrus, du Baudrain et de Marcien 24, 31, 38, 122, 139, 206, 219, 247, 260, 287, 293, 296, 311, 313, 320, 355, 372, 451, 577, 735, 738, 746, 767, 792, 798, 916, 918, 931, 1379, 1467, 1505, 1538, 1549, 1557, 1626, 1644, 1664, 1687, 1725, 1773, 1776, 1777, 1800, 1804, 1838, 1929, 2107, 2114, 2150, 2191, 2208, 2241, 2252, 2293, 2321, 2513, 2668, 2670, 2693, 2699, 2709, 2742, 2869, 2878, 3168, 3168, 3222, 3275, 3442, 3506, 3704, 3711, 3740, 3822. Variante: MELIDIN.
MONSOREL, lieu d'origine de Bustin 3378.

MONTIR, les vaux de Monthir (Monmir) en Orient; lieu d'origine de Philote 3840. (Mais voir 894, P. d'Aquaire.)
MOREL, cheval de Tholomer 197.
MORIFLOUR, l'épée (ou le cheval?) de Melidus ? 1788.
MORGANS, voir Amorgans 2192 (W seulement).
MORS, les Maures 3318.

NAVARRE, Navarre 59.
NEPTURNUS, Neptune, dieu des Romains 338, 3103.
NIBIANT, Nubiens 2695. Variante: NUBIANT (W).
NORMANDIE, Normandie 57.
NOROEE, Norvège 159.

OMBRIE, Ombrie 55. Variante: ORBRIE (W).
OPINEL, guerriers 3382. Dans E. Langlois, *Table des noms propres de toute nature compris dans les chansons de geste* (1904), on trouve Opinel = un Sarrasin dans la Chanson de Geste *Gaufrey*.
ORCANIE, royaume sarrasin? ou l'Hyrcanie, région d'Asie entre la Parthie, la Médie et la Mer Caspienne 92, 2752.
ORÏENT, Orient 264, 908, 1171.
OSTRENTE, Otrante (l'Italie méridionale) 1995. Variante: OSTENCHE (W).

PARFAIT DU PAON, LE titre choisi par Jean de Le Mote pour cette œuvre 3887, 3920.
PARRIS, Paris, second fils de Priam et d'Hécube, ravisseur d'Hélène 418.
PATERMORE DE BION, neveu d'Alexandre, membre de sa cour 3002. Variante: P. DE BRON (W).
PATRAS, ville de Grèce (Morée), sur le golfe de Patras, formé par la mer Ionienne 2823.
PERCHE, Perche, comté français du Bassin parisien 58.
PERDICAS, un des pairs 104, 1632, 2271, 2520, 2556, 2617, 2676, 2692, P. d'Aquilee 3723; 3841.
PERSANT, un Persan 2162, 2211, 2512, 2602, 2611, 2697, 3126. Variante: PERSAL.
PERSE, Perse 41, 61, 776, 805, 2133, 2744, 3390, 3865. Cri de bataille 2552, 2667. Variante: PERCE.
PHARON, voir Faron.
PHELIPPON, père d'Alexandre le Grand 3612.
PHESONAINS, habitants de Phezon 821, 2211. Cri de bataille: Fezomaux 2552.
PHEZON, Ephèse en Ionie 22, 29, 36, 49, 73, 152, 156, 771, 819, 842, 1577, 1673, 1701, 1715, 1721, 1831, 1917, 2095, 2178, 2228, 2230, 2433, 2733, 2889, 2999, 3076, 3111, 3766, 3773, 3790, 3859. Ephezon 64, 1953, 3778. Cri de bataille 3034, 3066.
PHEZONNE, femme de Porrus, sœur de Gadifer et de Betis 786, 851, 3796.
PHILOTAS, voir Philote.
PHILOTE (PHILOTAS), un des pairs 107, P. d'Aquaire 894; 1378, 1632, 1685, 1913, 1915, 1945, 2094, 2272, 2291, 2519, 2556, 2616, 2739, 3121, 3132, 3138, 3147, 3152, 3153, 3154, 3160, 3162, 3169, 3170, 3186, 3195, 3206, 3211, 3212, P. de Montir 3840. Variantes: FILOTAS, PHILOSTES, PHILLOTE, FILOTIAUX; PHILLOTAS, FILOTE (W).
PICARDIE, Picardie 58.
POITOU, Poitou 57.

## INDEX DES NOMS PROPRES

Porrus, roi d'Inde, fils de Clarvus 25, 40, 46, 124, 144, 422, 768, 775, 780, 781, 798, 802, 815, 817, 819, 827, 829, 834, 845, 850, 859, P. li Yndois 1529; 1542, 1565, 1566, 1588, 1591, 1596, 1609, 1622, 1652, 1664, 1698, 1714, 1718, 1723, 1742, 1756, 1759, 1771, 1778, 1807, 1817, 1824, 1826, 1837, 1844, 1850, 1854, 1873, 1890, 1908, 1913, 1940, 1950, 1987, 2000, 2015, 2025, 2051, 2105, 2114, 2124, 2128, 2181, P. li Indois 2240; 2292, 2324, 2439, 2467, 2472, 2478, 2486, 2490, 2550, 2731, 2740, 2871, 2874, 2875, 2885, 2900, 2922, 2930, 2938, 2950, 2989, 2992, 3012, 3033, 3106, 3112, 3200, 3255, 3457, 3264, 3268, 3293, 3294, 3298, 3303, 3314, 3389, 3400, 3405, 3408, 3411, 3424, 3426, 3433, 3435, 3446, 3447, 3448, 3474, 3476, 3478, 3479, 3482, 3491, 3518, 3519, 3550, 3553, 3556, 3565, 3572, 3585, 3587, 3599, 3602, 3609, 3624, 3648, 3652, 3661, 3664, 3669, 3670, 3700, 3736, 3748, 3767, 3796, 3818, 3879. Variantes: Porron, Porré.
Portugal, Portugal 60. Variante: Portingal *(W)*.
Poulendre, pays …? 1135, 1888. Variante: Pul(l)endre *(W)*.
Preamuse, fille de Melidus 129, 460, 722, 888, 1174, 1212, 1402, 1404, 1424, 1628, 1806, 2310, 3674, Priamuse 3851.
Priamus, guerrier tué par Porrus 3305.
Priant, Priam, dernier roi de Troie 2814.

Rames, Ramleh (Palestine) 63, Raymes 2820.
Restor, *Le Restor du paon,* poème qui précède *Le Parfait du paon* 13, 20.
Rin, le Rhin 297.
Rochebrune, pays… 55.
Ronme, Rome 565.
Roussie, Russie 63, 2780.
Rudas de Lille, guerrier tué par Porrus 3306.2 (W seulement).

Saigremore, fille de Melide 127, 465, 475, 528, 557, 581, 608, 647, 650, 708, 715, 887, 1220, 1233, 1269, 1392, 1403, 1422, 1629, 2001, 2004, 2299, 3218, 3864. Variantes: Saygremore, Sagremore.
Saint Pere, le pape, ou saint Pierre? 565.
Salehadin, Saladin, sultan d'Egypte et de Syrie, le héros musulman de la troisième croisade 2823.
Salfadin, peuple guerrier 301. Variante: Salhadin *(W)*.
Salternie, fleuve près de Melide 87, 165, 212, 897, Saltarnie 1575; 1785, 1921, 2099, 3131, 3725. Variantes: Saternie, Sabernie *(W)*.
Sanson, guerrier tué par Porrus 3306.2 (W seulement).
Saturnus, Saturne, dieu des Romans 361, 443 .
Soriflour, cri de bataille de Buchiforas 2508.
Soudan de Baudres, voir Cassiel.
Superior, peut-être des gens guerriers de l'Inde Superieure? (= partie Nord et Nord-Est de l'Asie: Sibérie, Mandchourie, etc.) 2217, 2504.
Surie, Syrie, 62, 881, 2067, 2820, 3818.
Symon de Lille, protecteur de Jean de Le Mote 51, 1453, 3896.

Tartare, peut-être le pays des Tartares (Sarrasins) 62, 881.
Tasse, peut-être Tars(s)e (var. Trasse, Carse, Crasse), la région de Tarse ou Thrace? Voir Case. 64 (W seulement; variante de Case?).
Terre Majour, Inde Majeur, à l'Ouest de l'Inde? 55, 882.
Tholomer, un des pairs 105, 171, 186, 197, 215, 228, 256, 279, 287, 294, 322, 349, 372, 461, 559, 564, 580, 606, 722, 886, 960, 1098, 1217, 1218,

1239, 1385, 1400, 1413, 1545, 1555, 1644, 1678, 1764, 2084, 2289, 2631, 2639, 3210, 3245, 3730, 3840, 3857. Variante: Tolomer *(W)*.
Tudele, Tudela, en Navarre 3390.
Turc, Turcs 2818.
Tyr, Tyr, ville de Phénicie; aujourd'hui Sour 54, 159, Tir 1002; 3843.

Valcadone, guerrier tué par Porrus 3306.2 (W seulement).
Valcadour, guerrier dans l'armée d'Alexandre 2519. Variante: Valtadour *(W)*.
Valestre, pays d'origine d'Aristé 2269, 2645.
Venus, déesse des Romains 161, 270, 328, 441, 466, 467, 476, 560, 698, 702, 1017, 1047, 1345, 1590, 1658, 2007, 2023, 2147, 3234, 3251. Temple Venus 3790.

Ydorus, sœur d'Edeas; femme de Betis 825, 838, 1674, 3788. Variante: Ydorains.
Yndal, voir Yndois.
Ynde, Inde 40, 55, 768, 882, 2145, 3391, 3795, 3853, 3818. Cri de bataille 2550, 3033, 3046.
Ynde Majour, Inde Majeur 2211, 2483, 3235. Cri de bataille de Porrus 2492.
Yndois, Indien(s) 225, 227, 257, 286, 301, 355, 1516, 1600, 1748, 1919, 2162, 2176, 2192, 2221, 2302, 2309, 2343, 2440, 2451, 2498, 2503, 2506, 2514, 2548, 2602, 2605, 2610, 2698, 2743, 2851, 2856, 2889, 2996, 3110, 3122, 3126, 3167, 3199, 3291, 3406, 3508, 3695, 3735. Variantes: Indois, Yndal, Yndïens, Yndoiens, yndoienne gent.

# BIBLIOGRAPHIE

Cette bibliographie est sélective en ce qu'elle n'énumère que les ouvrages dont il a été question dans les pages précédentes.

Casey, Brother Camillus. *Les Vœux du paon by Jacques de Longuyon: an edition of the P redaction.* Unpublished Ph. D. dissertation, Columbia University, 1956.

Dinaux, A. *Trouvères ... du nord de la France.* Vol. IV. Paris et Bruxelles, 1863, p. 333.

Fletcher, Franck T. H. *Etude sur la langue des Vœux du paon.* Paris, 1924.
François, Alex. *Histoire de la langue française cultivée.* 2 vol. Genève, 1959.

Gennrich, Friedrich. "Der Gesangswettstreit im *Parfait du Paon*," *Romanische Forschungen,* Bd. 58/59, 3, p. 208-232.
Godefroy, Fréderic. *Dictionnaire de l'ancienne langue française et de tous ses dialectes du IX$^e$ au XV$^e$ siècle.* 10 vols. Paris, 1880-1902.
Gossen, Charles T. *Petite grammaire de l'ancien picard.* Paris, 1951.

Jean de Le Mote. *Le Regret Guillaume comte de Hainaut,* édité par August Scheler. Louvain, 1882.
Jean Le Court (dit Brisebarre). *Le Restor du paon,* éd. critique par R. J. Carey. Genève, Droz, 1966.

Lettenhove, Kervyn de, éd. *Poésies de Gilles Li Muisis.* Louvain, 1882.
La Rue, Gervais de. *Essais historiques sur les bardes, les jongleurs et les trouvères normans et anglo-normans.* 3 vol. Caen, 1834.

Magill, Robert A. *Part I of the Vœux du paon by Jacques de Longuyon: an edition of manuscripts S, S1, S2, S3, S4, S5, and S6.* Unpublished Ph. D. dissertation, Columbia University, 1964.
Meyer, Paul. *Alexandre le Grand dans la littérature française du Moyen Age.* 2 vol. Paris, 1886.

Nyrop, Kr. *Grammaire historique de la langue française.* Tome I$^{er}$ Copenhague, Gyldendalske Boghandel. 4$^e$ éd., 1935.

Paris, Gaston. "Le Conte de la rose dans le Roman de Perceforest," *Romania,* XXII, 84.
Pope, M. K. *From Latin to Modern French with Especial Consideration of Anglo-Norman.* Oxford, 1934.

RITCHIE, R. L. Graeme (ed.). *The Buik of Alexander by John Barbour.* 4 vol. London, 1925-29.

ROQUES, Mario. "Etablissement de règles pratiques pour l'édition des anciens textes français et provençaux." *Romania,* LII (1926), 243-49.

THOMAS, Antoine. "Jean de Le Mote, trouvère," *Histoire littéraire de la France.* Vol. XXXVI (Paris, 1924), p. 66-86.

TOBLIER, Adolf. *Le Vers français ancien et moderne.* 2ᵉ éd. Trad. par Karl Breul et Leopold Sudre. Paris, 1885.

TOBLER, Adolf et Lommatzsch, Erhard. *Altfranzösisches Wörterbuch.* Berlin, Wiesbaden, 1925-.

WHITING, B. J. "The Vows of the Heron," *Speculum,* XX, no. 3 (July, 1945), 261-78.

www.ingramcontent.com/pod-product-compliance
Lightning Source LLC
Chambersburg PA
CBHW022020220426
43663CB00007B/1155